W0067570

HANS CONRAD ZANDER

ECCE JESUS

EIN ANSCHLAG GEGEN DEN
NEUEN RELIGIÖSEN KITSCH

ROWOHLT

1. Auflage August 1992
Copyright © 1992 by Rowohlt Verlag GmbH,
Reinbek bei Hamburg
Alle Rechte vorbehalten
Einbandgestaltung Nina Rothfos (Detail aus dem Isenheimer
Altar von Mathis Gothart Grünewald, um 1470/75–1528. Colmar,
Unterlindenmuseum / Archiv für Kunst und Geschichte, Berlin)
Gesetzt aus der Walbaum (Linotronic 500)
Gesamtherstellung Clausen & Bosse, Leck
Printed in Germany
ISBN 3 498 07657 4

Hans Conrad Zander
ECCE JESUS

Inhalt

Dritter Teil
Auch ich hätte Jesus gekreuzigt

Einführung:
Jesus, Jesus, warum verfolge ich dich?

«Wir sahen ihn, doch da war keine
Gestalt, die uns gefallen hätte.»
Jesaja 53; 2

Der Gesang mag noch so schön sein, die Predigt noch so stark, die Gemeinde noch so eifrig, unaufhaltsam naht doch jeden Sonntagmorgen in der Kirche der Augenblick tödlicher Langeweile. Dann nämlich, wenn der Priester am Altar, nach der Wandlung, hochfeierlich die Arme hebt: «Vater unser...»

Dies ist eines der schalsten Gebete der Menschheit. Auf jeden Fall ist es das langweiligste. Kein Wunder, es stammt von Jesus selbst: «So sollt ihr beten!» (Matthäus 6; 9). Warum ist das Vaterunser so langweilig?

In der Religion hat Langeweile gewöhnlich etwas mit Verlogenheit zu tun. Und mit einer frommen Verlogenheit fängt das Gebet Jesu an: «Vater unser». Franz Alt übersetzt sogar, ungewollt richtig, mit «Papi». Dabei macht doch jeder erwachsene Mensch unablässig die Erfahrung, daß kein Papi im Himmel für ihn sorgt. Wenn ich nicht für mich selber sorge, wenn nicht ein anderer Mensch für mich sorgt, komme ich ums Le-

9

ben. Denn Gott ist nicht mein Papi, sondern mein Gott. Das ist etwas anderes. In mancher Hinsicht ist es, alltäglich erfahrbar, das Gegenteil.

Dann ist vom Himmel die Rede, gleich zweimal am Anfang des Gebets. Doch von himmlischer Freude, auch nur von christlicher Heiterkeit keine Spur: «Geheiligt werde dein Name; dein Reich komme; dein Wille geschehe.» Wer seinem Schöpfer wirklich gehorcht, braucht das, in einem sonst so auf Kürze abgestellten Gebet, nicht derart plump – dreimal hintereinander – zu beteuern. Wo doch Jesus selbst, laut Matthäus, im selben Atemzug sagt: «Wenn ihr betet, sollt ihr nicht soviel plappern wie die Heiden» (Matthäus 6; 7).

Aus der Schwerfälligkeit sackt das Gebet dann ab in die Bedürftigkeit: «Unser tägliches Brot gib uns heute.» Das soll demütig klingen. Doch gerade deshalb hat es den Zungenschlag falscher Bescheidenheit. Wie wär's denn, unter Gotteskindern, mit einem kleinen Glas Wein dazu, wie, unter dem strahlenden Himmel des Mittelmeers, mit ein paar Früchten? Und warum muß, in einem Atemzug mit der unterwürfigen Bitte um den trockenen Bissen Brot, gleich das zerknirschte Bekenntnis ausgesprochen werden: «Und vergib uns unsere Schuld»? Der Vater Jesu Christi hat Züge eines Gefängniswärters.

Am schlimmsten ist das Ende. Welch trostlose Geistesverfassung gehört dazu, daß einem Menschen im Gebet zum lebendigen Gott als letztes die Angst vor der «Versuchung» einfällt und als allerletztes Wort «das Böse»?

Und ich denke an den «Gesang der Geschöpfe» des heiligen Franz von Assisi: «Gepriesen seist du, Herr, für unsere Schwester, Mutter Erde.» Das ist besser. Ich denke an die spanische Leidenschaft in den Meditationen der heiligen Theresia von Avila («Que muero porque no muero...»). Das ist noch besser. Ich denke an das Gebet des heiligen Thomas von Aquin «Um Verstand in der Lebensführung»: «Laß mich, o Herr, im Wechsel von Glück und Unglück nicht versagen.» Das ist viel besser.

Fast hätte ich den Vergleich vergessen, der am nächsten liegt. Nur ein paar Seiten weitergeblättert im Neuen Testament. Da betet nicht Jesus, sondern seine Mutter Maria: «Selig werden mich preisen alle Geschlechter» (Lukas 1; 48). Das ist ein unvergleichlich gesünderer Ton. Ein Gebet voll religiösem Selbstbewußtsein ist das Magnifikat (Lukas 1; 46–55). Und voll religiöser Urgewalt: «Er stößt die Mächtigen vom Stuhl und setzt darauf die Niedrigen» (Lukas 1; 52). Warum betet Maria soviel besser als Jesus? Liegt es daran, daß sie eine kräftigere religiöse Persönlichkeit war als er? Oder liegt es daran, daß sie einige der schönsten Gebete des Alten Testaments zitiert?

Ich bin in meiner Jugend Mönch gewesen. Mönche leben von Vermächtnissen, und so wird in Klöstern oft die Toten-Liturgie gesungen. Das ist aber nicht langweilig. Nicht etwa trostreiche Erbaulichkeiten prägen die Toten-Liturgie, sondern die leidenschaftlichsten Texte des Alten Testaments. Zuerst um Mitternacht neun Lesungen aus dem Buch Hiob. Neun schonungslose Anklagen gegen Gott: «Quare de vulva eduxisti me? Warum hast du mich aus dem Bauch meiner Mutter geholt? Wäre ich doch darin umgekommen, daß nie ein Auge mich gesehen hätte, und wäre zu Grabe getragen worden im Mutterleib» (Hiob 10; 18).

Hiob zur Mitternacht. Dann zum ersten Licht, zu den Laudes, ein Gesang des Jesaja, so gewaltig, als wäre er von Dante: «In der Mitte meines Lebens muß ich zur Hölle fahren» (Jesaja 38; 10).

Ein Wort dramatischer als das andere, eins unchristlicher als das andere, dogmatisch unmöglich, aber gerade deshalb so aufwühlend, so packend. Hunderte von Malen habe ich diese Gebete der alten Juden gesungen. Ich sang mich daran nicht satt.

Und dann kam Er. Unausweichlich kam Jesus selbst um acht Uhr im Evangelium der Messe: «In jener Zeit sprach Jesus zu Martha: ‹Ich bin die Auferstehung und das Leben. Wer an mich glaubt, wird, obgleich er stürbe, leben. Und jeder, der lebt und an mich glaubt, wird nicht sterben in Ewigkeit. Glaubst du das?› Sie aber sprach: ‹Ja, Herr, ich glaube, daß du bist Christus, der Sohn Gottes, der in die Welt gekommen ist›» (Johannes 11; 25−26).

Von Hiob zu Jesus ein Sturz ins Bodenlose. Im Inhalt wie im Stil. Aus der archaischen Wucht der Todeserfahrung in die verlogene Schönrednerei eines Dreißigjährigen, der einer leichtgläubigen Verehrerin weismacht, er könne alles, alles. Vor allen Dingen könne er die Gesetze der Wirklichkeit außer Kraft setzen.

So war die klassische katholische Liturgie. Trotz der glättenden Einheitlichkeit der lateinischen Kultsprache war sie ganz heterogen, ein Patchwork aus Texten des Alten und des Neuen Testaments. Und ich erlebte die Verse aus dem Alten Testament als ursprünglich, kräftig und wahr. Und die Verse aus dem Neuen Testament als Kitsch. Noch heute kommt mir die steinalte Religiosität der Juden *vor* Jesus viel jünger vor, viel näher bei dem, was ich selber für Gott empfinde.

Und wie es mir mit Jesus geht, so mit denen, die ihm am nächsten waren. Mit dem Urchristentum. Wie oft habe ich versucht, im Neuen Testament die Briefe der Apostel zu lesen. Jedesmal war's mir, als hätte ich frisch am Bahnhof den «Wachtturm» gekauft. So sektiererisch eng, so gnadenlos verbiestert war die Welt der ersten Jünger Jesu.

Aber wartet nur drei Jahrhunderte, und alles ändert sich. Wartet bis zu Kaiser Konstantin. Mit einem Mal – ein Beispiel nur – ist Schluß mit der weltfeindlichen Verteufelung von Kunst und Musik im Urchristentum. Es entsteht der Gregorianische Choral, ein religiöser Gesang von solchem Reichtum der Melodien, wie ihn keine andere Religion der Welt hervorgebracht hat. Was ist geschehen? Die Jesus-Sekte hat mutiert. Mutiert zur Katholischen Kirche.

So ist das. Geht ein paar Jahrhunderte hinter Jesus zurück, und die Religion wird ursprünglich und kräftig. Geht ein paar Jahrhunderte über ihn hinaus, und sie wird offen und weit, anregend und schön. Zu singen fängt sie an, zu jubeln. Als habe sie sich von Jesus erholt. «Das Interessante am Christentum», pflegte meine englische Großmutter zu sagen, «ist nicht Jesus, sondern die Katholische Kirche.» Sie war Anglikanerin. Wahrscheinlich hatte sie die Bemerkung von Joel Carmichael im Kopf, der historische Jesus sei nicht mehr als «eine Mücke im Bernstein» [1] des Christentums.

Ich will es anders sagen: Jesus war ein Sandkorn in der Muschel des alten Judentums. Das Christentum ist die Perle, die sich um ihn, schwierig genug, geschlossen hat. Warum die Muschel aufbrechen, warum die Perle zerschlagen, um alle Andacht, alles Augenmerk nur noch dem Sandkorn zu weihen?

In den wilden sechziger Jahren hat das angefangen, im Aufbruch des 2. Vatikanischen Konzils. Die lebensfeindliche, despotische Enge in der Katholischen Kirche war unerträglich geworden. Wir waren «rerum novarum cupidi» – etwas Neues wollten wir in der Kirche. Doch wie den Willen zum Neuen rechtfertigen?

Machtkämpfe bei uns, in der Katholischen Kirche, laufen nämlich alle nach dem gleichen trostlosen Muster ab: Es siegt der, dem es gelingt, den andern mit dem Judasmal des *Verrats* zu zeichnen. Für den, der etwas Neues will, ist das eine verzweifelte Ausgangslage. Wie rechtfertigen wir den Willen zu etwas Neuem so, daß nicht wir die *Verräter* sind, sondern im Gegenteil die römischen Verteidiger des Bisherigen?

Kunststück: Das Neue muß noch älter sein als das Alte. Die verkalkte Kirche hat also etwas noch Älteres verfälscht. Ins Gegenteil verkehrt. Die böse Kirche hat Jesus *verraten*. Denn sie ist nicht mehr jesuanisch. Zurück zu Jesus!

«Kirche schlecht, Jesus gut»: Was war das damals doch für ein scharfsinniger theologischer Keil, um die steinharten Strukturen in der Katholischen Kirche aufzusprengen! Dreißig Jahre danach aber ist dieser scharfe Keil weich geworden. Windelweich. In beiden Konfessionen ist er verkommen zum dümmsten aller bigotten Gemeinplätze.

Frag einen aus der Generation der Halleluja-Schlümpfe. Es braucht nicht auf dem Kirchentag zu sein. Frag irgendeinen Azubi bei McDonald's, was er behalten habe aus all den Jahren Religionsunterricht. Zuerst wird er grinsen, er habe nichts behalten. Das ist nicht wahr; bohre nur weiter. Eines hat er schon behalten: Das mit der Kirche sei natürlich alles Scheiße; aber das mit Jesus sei irgendwie echt stark. Natürlich sei Jesus nicht so, wie ihn die Kirche dargestellt habe. Neinnein, Jesus sei ganz anders. Völlig anders. Aber gerade weil er so völlig anders sei, sei Jesus irgendwie echt stark.

Mehr ist nicht zu erfahren. Doch dies genügt. Eine ganze Generation wird mit diesem Fast-food-Glauben die nächsten fünfzig Jahre einfallslos durchs Leben gehen.

Und wird sich daheim vor der Glotze in diesem irgendwie echt starken Glauben bestätigt vorkommen. Gewiß werben im deutschen Fernsehen nicht so viele Evangelisten für Jesus wie im amerikanischen. Aber das ist auch gar nicht nötig. Wenn bei uns Franz Alt allein von Jesus schwärmt, dann ist das, wie wenn drüben Jimmy Swaggart, Robert Schuller, Jerry Falwell, Rex Humbard, Ernest Angley, und wie sie alle heißen mögen, gemeinsam alle auf einmal von Jesus schwärmen. Es ist, als träte, in der erleuchteten Person von Franz Alt, Jesus selber auf. Jesus, «die geistige Atombombe»[2] (Franz Alt).

Anders als in Amerika platzen übrigens bei uns geistige Atombomben nicht krachend im Fernsehen, sondern sie strahlen still in Buchhandlungen. Schau hinein ins religiöse Angebot einer postmodernen Buchhandlung. Vorne, hinten, links und rechts Jesus! Jesus «kosmisch», Jesus «therapeutisch», Jesus «politisch», Jesus «androgyn», vor allen Dingen «Kirche schlecht, Jesus gut».

Eine Weile konnte man glauben, wenigstens das Alte Testament werde sich halten können als eine feste Burg für jene wenigen, die mehr auf Gott geben als auf Jesus. Doch damit ist es vorbei, seit Mary Daly erkannt hat, daß das Leben der Frau im Alten Testament «nur mit einem Alptraum vergleichbar»[3] war. Seit Millionen Protestantinnen (und Protestanten) mit Elisabeth Moltmann-Wendel erkannt haben, daß sie einzig und allein in Gemeinschaft mit dem «zärtlichen Jesus» eine Chance haben, «ein eigener Mensch zu werden».[4]

Da ist was Wahres dran. Durch die Jahrhunderte war Jesus ja der qualvolle Inbegriff des protestantischen Leidens an der eigenen Seele. In unzähligen Selbstfindungs- und Selbsterfahrungs-Gruppen hat sich das stark gebessert. Wo zwei (oder meistens drei) protestantische Seelen zu einer Therapie versammelt sind, da ist jetzt ein ganz neuer Jesus mitten unter ihnen.

Dieser neueste Selbstverwirklichungs-Jesus wird nicht umsonst von Pädagogen und Therapeuten so geliebt. Verblüffend erinnert er an Rousseaus «bon sauvage», an das ursprünglich gute Individuum, das durch die böse Gesellschaft in seiner Selbstentfaltung gehemmt wird. Was heißt gehemmt – gekreuzigt!

Eine unerhört starke neue Ideologie. Nicht nur Gruppen und Klassen brauchen ja im Kampf gegeneinander Ideologie. Auch das Individuum hat in seiner Auseinandersetzung mit der Gesellschaft ein gewaltiges Ideologie-Bedürfnis: «Gesellschaft böse, ich gut». Was gibt es unter diesen Umständen für meine Seele Schöneres als den Wahn, ich sei so etwas wie Jesus, also ursprünglich gut, jedoch von der bösen Gesellschaft schuldlos gekreuzigt?

Am besten macht das Eugen Drewermann. Seinem ideologischen Genie ist es gelungen, den antiklerikalen Jesus aus dem katholischen Reform-Milieu mit dem Selbstverwirklichungs-Jesus aus dem protestantischen Psycho-Milieu ökumenisch unauflösbar zu verquicken zur «absoluten Person»[5].

«Kirche böse, Jesus gut; Gesellschaft böse, ich gut;

ich = Jesus»: Das ist eine deutsche Befreiungstheologie. Und wie aller deutsche Tiefsinn ist sie hausbacken und abenteuerlich zugleich. Während also drüben in Brasilien, ob ihr's glaubt oder nicht, Abermillionen Arme die Lösung ihrer finanziellen Probleme durch Jesus Cristo Libertador erleben, erleben bei uns Abermillionen arme Seelen Jesus als den «wirklichen Lebensinhalt» (Eugen Drewermann), Jesus als die «begeisternde Erleuchtung» (Eugen Drewermann), Jesus als die «rauschhafte Entdeckung» (Eugen Drewermann).[6]

Geh am nächsten Sonntag in die nächste katholische Kirche. Du warst schon lange nicht mehr drin. Du wirst dich wundern. Da geht es heute in der heiligen Messe zu wie vor dreißig Jahren in der evangelischen Zeltmission. Oder besser, es geht jeden Sonntagmorgen zu wie vor dreißig Jahren nur einmal im Monat am Herz-Jesu-Freitag: «Jesus, dir leb ich, Jesus, dir sterb ich...»

Fast hätte ich, vor lauter Jesus, Dorothee Sölle vergessen. Wie immer ist es ihr gelungen, in tempore opportuno – und natürlich in der Betroffenheitsform «ich» – das auszusprechen, was das religiöse «man» als Aussage kollektiv erwartet. Man erwartet folgende Aussage: «Ich halte Jesus von Nazareth für den glücklichsten Menschen, der je gelebt hat.»[7]

So stünde denn alles zum besten in der besten aller Religionen, säße nicht, gefährlich festgehakt in der dünnen Gummihaut des riesigen Ballons postmoderner Jesus-Begeisterung, ein winziges, aber messerscharfes Häklein. Liebe Christinnen und Christen, es gibt so etwas wie Wahrheit. Selbst in der Religion. Ist das mit Jesus eigentlich alles wahr? Ich habe da, um im Jargon zu bleiben, ein schlechtes Gefühl.

Sechzehn Jahre lang habe ich für ein deutsches Blatt

die religiösen Neugründungen unserer Zeit untersucht. Von den Kindern Gottes bis zu Hare Krishna, und dies nicht einfach so raschrasch asking questions, sondern mit der Gedulds-Methode der teilnehmenden Beobachtung. Von innen. Und überall, von Ganeshpuri bis nach Poona, ohne Ausnahme, dutzendfach ein und dieselbe empirische Erfahrung: Der Stifter ist nicht einen Deut besser als seine Erben. Im Gegenteil. Wo immer ich den Stifter höchstselbst, empirisch vergleichbar, im Kreise seiner Jünger und Erben augenfällig erlebt habe, zum Beispiel im Aschram von Poona oder im Hare-Krishna-Tempel in Frankfurt und Bombay, da kam mir jedesmal Hans Huckebein in den Sinn: «Der größte Lump bleibt obenauf.»

Und da soll Jesus soviel besser gewesen sein als Karol Wojtyla, Dorothee Sölle, Joseph Ratzinger e tutti quanti? Anders wird er gewesen sein. Aber besser? Zu vielen von diesen Stifterheilanden habe ich ins Gesicht gesehen. Zugegeben, das ist, auf Jesus bezogen, nur ein Analogieschluß. Doch wir wissen aus der Lehre des heiligen Thomas von Aquin, daß der Analogieschluß in der Religion zu den kostbarsten Erkenntnismitteln gehört.

«Kirche schlecht, Jesus gut»? Ich habe da «echt kein gutes Gefühl». Und dieses Gefühl verschlechtert sich radikal, wenn ich an jene Dinge denke, die dem weltlichen Verstand banal scheinen mögen, die aber für die religiöse Selbstbesinnung durchaus nicht banal sind: Das ist meine eigene, ganz bescheidene Alltagserfahrung.

Kaiser Julian der Abtrünnige (331–363) war bekanntlich gar nicht so abtrünnig. Allerdings lag ihm daran, die römischen Staatsfinanzen zu sanieren. Wer

mit dem Geld so umgehe, wie Jesus gebietet, der, be-
fürchtete Kaiser Julian, sei, ob Caesar, ob Familienva-
ter, binnen kurzem bankrott.[8]

Darf's eine Nummer kleiner sein als der Kaiser von
Rom? Ich bin einer von unzähligen berufstätigen Haus-
vätern mittleren Alters. Wo käme ich hin, wenn ich
mich an Jesus halten wollte?

Matthäus im 19. Kapitel, Vers 21: «Gehe hin, ver-
kaufe, was du hast, und gib's den Armen!» Und danach? Lukas 9; 3: «Nichts sollt ihr mit euch nehmen auf
den Weg, weder Stab noch Tasche, weder Brot noch
Geld.»

Mir stehen die Haare zu Berge wie Kaiser Julian.
Nicht daß das Geld das Wichtigste wäre in meinem Leben. Aber es ist die Voraussetzung für mein Lebensglück. Und für das Lebensglück jener, die mit mir leben. Soll ich mir das durch Jesus kaputtmachen lassen?

Die einzigen, die ernsthaft versucht haben, sich im
Umgang mit dem Geld ans Rezept Jesu zu halten, waren
die frühen Franziskaner. Das lebensfeindliche Experi-
ment endete in jenem bitterbösen «Armutsstreit» des
13. und 14. Jahrhunderts, bei dem sich die verfeindeten
Armutsapostel zum Schluß gegenseitig verbrannten.

Was mich vor ähnlichem Unglück im Leben bewahrt
hat, ist die Erziehung durch einen protestantischen Vater. Er hat mir, beim Umgang mit Geld, nicht den Geist
Jesu eingebleut, sondern den Geist Johannes Calvins.
Das ist das Gegenteil.

Und wie mit dem Geld, so in allen Dingen der täg-
lichen Lebensbehauptung. Eines Tages kam, ein Beispiel nur, das Planungsamt der Stadt Köln auf den Gedanken, eine Siedlung mit siebzig Häuschen – darunter
meines – abzureißen, nur um den Südfriedhof zu erwei-

19

tern. Sollte ich mich da an das Gebot Jesu halten? «Ich aber sage euch, widerstehet nicht dem Bösen; sondern, wenn dich einer auf die rechte Backe schlägt, so halte ihm auch die andere hin» (Matthäus 5; 39).

Von der Liebe will ich gar nicht erst reden. Soll ich es etwa mit meiner Frau halten wie Jesus mit Maria Magdalena? Soll ich mich vor ihr wichtig machen und zugleich – davon wird noch die Rede sein – auf ihre Kosten leben? Ich würde mich zu Tode schämen.

Wieviel habe ich von andern religiösen Vorbildern für meinen Alltag gelernt. Von Theresia von Avila habe ich die Zivilcourage gelernt, von Ulrich Zwingli die soziale Verantwortung. Von Filippo Neri habe ich gelernt, der Arglist der Welt mit religiöser Narretei zu begegnen.

Aber Jesus? Er wird schon das richtige sein für einen Halleluja-Schlumpf oder für eine Selbstverwirklichungs-Frau. Aber für einen berufstätigen Mann mittleren Alters? Ich habe da so ein hundsmiserables Gefühl.

Wenn einer so ein schlechtes Gefühl hat, glauben viele, dann sei es Zeit, sich mit diesem Gefühl auseinanderzusetzen. In die eigene Seele hinabzusteigen. Zur Selbstfindung. Dies halte ich aber für verkehrt.

Wenn mir ein Auto zum Kauf angeboten wird und ich dabei ein schlechtes Gefühl habe, so kann ich natürlich auch in die eigene Seele hinabsteigen. Zur Klärung der Gefühle. Zur Selbstfindung. Ich halte das aber für verkehrt. Je mehr ich mich mit mir selbst beschäftige statt mit dem Auto, desto mehr wächst die Gefahr, daß ich betrogen werde. Besser scheint mir deshalb, daß ich mein schlechtes Gefühl zum Anlaß nehme, mir das angebotene Auto gründlich anzusehen. Vielleicht auch ein bißchen den Verkäufer. In erster Linie aber das Auto selbst. Und wenn das schlechte Gefühl dabei immer schlechter wird, dann kaufe ich dieses Auto besser nicht.

Und wie mit meinem Auto, so mit meinem Gott. So, a fortiori, mit einem Menschen, der sich als Mittler zwischen Gott und mich stellt. Mir Jesus Christus ganz persönlich so gnadenlos und kritisch anzuschauen, als würde mir ein Auto angeboten, dies nehme ich mir heraus. Ich darf das, weil ich katholisch bin.

Wäre ich evangelisch, so wäre mir das streng verboten. Der evangelische Theologe Rudolf Bultmann hat ja ein Dogma in die Welt gesetzt, das heute jeder protestantische Theologe im ersten Semester blind auswendig lernt: Alle Leben-Jesu-Forschung sei umsonst gewesen, und von der Realität Jesu, also vom «historischen Jesus», sei gar nichts mehr erfahrbar. Um so gläubiger gelte es, die transzendentale Lichtfigur des «kerygmatischen Christus» der Menschheit zu verkünden.

Soso. Das ist ja, wie wenn ein Autohändler mir sagen würde, das reale, das «historische» Auto sei leider in keiner Weise zu besichtigen. Als Käufer müsse ich mich halten an das «kerygmatische» Auto, das heißt an jene transzendentale Lichtfigur von Auto, die er mir vom Himmel herunterschwatzt.

Für «Dogma» gibt es auch ein deutsches Wort. Es heißt «Lüge». Die Aufspaltung Jesu Christi in einen «historischen Jesus» und einen «kerygmatischen Christus» ist eine Zwecklüge, von Bultmann eigens erfunden, dem evangelischen Klerus auf der Kanzel aus der schlimmen Verlegenheit zu helfen, was man denn nun guten Gewissens über Jesus sagen könne. Wenn man sich um die historische Wirklichkeit nicht mehr zu scheren braucht, fällt das Verkündigen verdammt leicht.

Der religiöse Preis dieser dogmatischen Zwecklüge ist hoch. Er hat die evangelischen Laien in einer Weise entmündigt, im Vergleich zu der die katholische Papsthörigkeit harmlos wirkt. Welcher Laie wird es noch wagen, seine Nase ungescheut ins Evangelium zu stecken, um sich selber ein Bild von der Wirklichkeit Jesu zu machen, wenn ihm seine Schriftgelehrten von vornherein weismachen, da gebe es gar nichts mehr zu erkennen. Nur das, was auf den Kanzeln von Jesus verkündet wird, nur das kerygmatische Gasgebilde «Christus» sei hinfort noch für Protestanten glaubbar.

Als Katholik halte ich mich lieber an Albert Schweitzer und an seine klassische Feststellung, die «Quellenlage» zu Jesus sei zwar, den Zeiten entsprechend, nicht besonders gut, aber auch nicht besonders schlecht. Zum Beispiel, sagt Schweitzer, sei die Quellenlage für Jesus ungleich besser als für Sokrates: «Jesus steht viel unmittelbarer da.»[9] In Platos Dialogen ist ja die Gestalt des Sokrates mindestens so «kerygmatisch» verklärt wie die Gestalt Jesu im Johannes-Evangelium. Und doch zweifelt niemand daran, daß es da über den realen Sokrates einiges zu erfahren gibt. Wie erst, wenn Sokrates einen Lukas oder Matthäus gehabt hätte, gar einen so wirklichkeitsnahen Bericht wie Markus!

Durch Albert Schweitzer habe ich Hermann Samuel Reimarus kennengelernt und David Friedrich Strauß, die beiden genialen Wegbereiter der Leben-Jesu-Forschung. Zweifel an Jesus, die in meinem katholischen Gemüt bislang nichts anderes waren als ein dumpfes Gemurkse von «schlechten Gefühlen», haben sie, hat der liberale deutsche Protestantismus vor einem, ja schon vor zwei Jahrhunderten in klaren Worten ausgedrückt und mit einer intellektuellen und religiösen

Courage ohnegleichen zu Ende gedacht. Es ist kein falsches Pathos, wenn Albert Schweitzer sagt, die liberale deutsche Leben-Jesu-Forschung des 19. Jahrhunderts stelle «das Gewaltigste dar, was die religiöse Selbstbesinnung je gewagt und getan hat» [10].

Und ganz am Anfang, bei Reimarus selbst, findet sich bereits die Bemerkung, wer durch alle Phantasmata der kirchlichen Verkündigung hindurchdringen wolle bis zur Realität des Menschen Jesus, der müsse zurück zu denen, die ihm am nächsten waren und die ihn deshalb am besten verstehen können, «zurück zu den Juden» [11].

Dreimal bin ich nach Israel gefahren und habe die letzten noch lebenden Vertreter der jüdischen Jesusforschung einen nach dem andern aufgesucht zu langen persönlichen Gesprächen. Am tiefsten beeindruckt hat mich Professor David Flusser von der Hebräischen Universität in Jerusalem.

Jesus, sagt Flusser, war ein Charismatiker im Sinne Max Webers, ein Mensch, der andere Menschen faszinierte. Gerade deshalb ist nichts so aufschlußreich wie die Berichte derer, die sich von ihm faszinieren ließen. Das sind die Evangelien.

Mit einem simplen Vergleich schiebt Flusser Bultmanns Dogma beiseite: «Wenn in zweitausend Jahren einmal einer wissen will, wer Boris Becker war, und er hat als Quelle nur noch die Jubelberichte in der Bildzeitung, braucht er doch nicht historisch zu verzweifeln. Natürlich fehlt da die kritische Berichterstattung. Aber gerade solche Fan-Berichte sind voll von Informationen, wenn es um einen Menschen geht, dessen eigentliche Fähigkeit es war, andere zu seinen Fans zu machen.»

Dies war ein Augenblick tiefer konfessioneller

Scham. Daß Flusser, der Jude, mir, dem Christen, sagen mußte, ich solle, um mir ein Bild von Jesus zu machen, doch einfach das Evangelium lesen!

Eingedenk der früheren Erfahrung, daß ich Franz von Assisi erst in den grünen Hügeln Umbriens verstanden habe, Martin Luther erst in den düsteren Burgen Mitteldeutschlands, bin ich von Jerusalem nordwärts nach Galiläa gefahren. Zu Fuß, ungeachtet aller Kibbuz-Stacheldrähte, bin ich die Wege gegangen, die Jesus gegangen ist, von Nazareth nach Kapharnaum und von Kapharnaum bis hoch hinauf nach Caesarea Philippi. Nicht auf der weichen Couch bei Frau Hanna Wolff, wie Franz Alt, habe ich Jesus kennengelernt, sondern in der Landschaft, die ihn geprägt hat.

Zu den Anbiederungen, auf die ich verzichte, gehören jene theologischen Eselsbrücken, über die ich mich ganz leicht hätte einschleichen können in die Gunst jesusgläubiger Leser. Nehmt das Dogma beider Kirchen «Jesus Christus wahrer Gott und wahrer Mensch». Jesus ein wahrer Mensch, so hat er alle Schwächen, Fehler und Angreifbarkeiten eines wahren Menschen. Und ist doch wahrer Gott. Wie leicht wäre es gewesen, alles, was ich zu sagen habe, beschwichtigend sanft über diese dogmatische Eselsbrücke zu tragen.

Ich tue es nicht. Für die Freiheit der Sprache, die ich mir herausnehme, gibt es gleichwohl ein großes religiöses Vorbild. Es ist zweieinhalb Jahrtausende alt. So ungescheut und schonungslos wie Hiob zu seinen Freunden über Gott gesprochen hat, so ungescheut und schonungslos spreche ich über den Menschen Jesus.

JESUS WAR EIN GOTTESMANN VON GOTTLOSER ART

1. Wie wurde Jesus erleuchtet?

«Sofort, sogleich, stracks,
augenblicklich»
Markus 1; 10

Mir ein Urteil über einen Menschen zu bilden, den ich
schlecht kenne und dessen Botschaft ich nicht überprüfen kann, diese Schwierigkeit scheint im Falle Jesu
Christi ungewöhnlich groß. In Wirklichkeit ist sie alltäglich. Im ganz gewöhnlichen Berufsleben muß fast jeder von uns mit dieser Schwierigkeit fertig werden.

Mein Großvater verkaufte Sankt Galler Stickereien
in Mailand und in Kairo. Mein Vater verkaufte Solo-
thurner Uhren nach Hongkong und Manila. Beide
konnten es sich nicht erlauben, auf fremden Schwindel
hereinzufallen oder – schlimmer noch – auf eigene Vor-
urteile. Sonst wären sie beide, in Mailand und in Manila, in einem halben Jahr pleite gewesen. Ihre Existenz
hing ab von ihrer Fähigkeit, Menschen, die sie schlecht
kannten und deren Aussagen sie schlecht überprüfen
konnten, dennoch richtig einzuschätzen. Die Methode,
mit der es ihnen gelungen ist, sich in Kairo und Hongkong zu behaupten, will ich jetzt auf Jesus übertragen.
Sie ist einfach. «Le style c'est l'homme», pflegte mein
Großvater zu sagen. «Hör nicht auf das, *was* einer dir
erzählt», pflegte mein Vater zu übersetzen, «achte um

so mehr darauf, *wie* er spricht. Nicht die Botschaft ist aufschlußreich, sondern das Benehmen.»

Wie benahm sich Jesus von Nazareth?

Um dieses Wie auf *ein* Wort zu bringen, verwendet Markus, das älteste, den Ereignissen noch ganz nahe Evangelium, insgesamt 42mal[12] ein und dasselbe griechische Wort. Was immer Jesus tut und leidet, heilt, predigt und verspricht, alles geschieht εὐθύς, «euthys».

Dieses griechische Adverb drückt eine Situation der Ungeduld aus, der kurzatmigen Erregung, der Bedrängung und der Überstürzung. In seinem klassischen Wörterbuch übersetzt es Menge-Güthling mit «sofort, sogleich, stracks, augenblicklich». In heutiges Alltagsdeutsch übersetzt heißt «euthys» «schnurstracks» oder «nullkommaplötzlich» oder, besser noch, «dalli, dalli».

Auffällig ist, daß diese Stimmung der Zeitnot und Bedrängnis vom ersten Augenblick an um Jesus herrscht. Wohl steigert sie sich ins Phantastische mit den großen Weltuntergangspredigten im 24. und 25. Kapitel bei Markus, um dann in der Tragödie am Kreuz abrupt in sich zusammenzubrechen. Aber *da* ist die unheimliche Spannung vom allerersten Augenblick an. Zu einer idyllischen Krippen-Legende etwa, wie Lukas sie später als Prolog hinzudichten wird, hat der ursprüngliche Bericht des Markus keine Zeit.

Stracks in den ersten Zeilen des Evangeliums geraten wir vielmehr ins aufgeregte Gedränge einer Massenwallfahrt. «Das ganze jüdische Land» (Markus 1; 5) zieht hinaus zu Johannes dem Täufer an den Jordan. Jesus, noch unbekannt, zieht mit, um bei Johannes «eine Taufe der Buße zur Vergebung der Sünden» (Markus 1; 4) zu erlangen. Da geschieht das Plötzliche: «Und sofort – *euthys* – stieg Jesus aus dem Wasser und sah, wie sich der Himmel spaltete und der Geist wie eine Taube herabstieg auf ihn» (Markus 1; 10).

Die Frage ist erlaubt, wofür wohl Jesus, ein Mann um die Dreißig, Buße tut, und warum er mit so vielen andern – ähnlich wie heute die Hindus am Ganges – im Wasser des Jordan «Vergebung der Sünden» sucht. Doch zu einer Antwort bleibt keine Zeit. Zwei Sätze später schon steigert sich bei Markus die Unruhe zur Überstürzung. Jetzt verbindet sich das Adverb «stracks» («euthys») mit dem Verb «treiben». «Und sofort [sogleich, stracks, augenblicklich] trieb ihn der Geist hinaus in die Wüste» (Markus 1; 12).

In solcher Zeitnot beginnt die Selbstbesinnung Jesu während der «vierzig Tage in der Wüste» (Markus 1; 13). Kein religiöser Stifter, kein Prophet, der nicht zuerst in der Wüste oder doch in der Einsamkeit die innere Ruhe gesucht hätte und die Begegnung mit Gott. *Was* hier geschildert wird, ist also ein oft wiederholtes heilsgeschichtliches Muster. Um so spezieller aber ist im Falle Jesu das *Wie*.

Die mystische Zahl «Vierzig» soll offenkundig Jesus mit Moses vergleichen, den Gott vierzig *Jahre* in die Wüste geführt hat. Doch das äußerste, was Markus sich in seiner Zeitnot an Zahlenmystik erlauben kann, sind vierzig *Tage* Besinnung. Mehr Spielraum für Symbolisches läßt das reale Tempo der Ereignisse um Jesus dem Erzähler von Anfang an nicht. Folgt man dem übereinstimmenden Bericht bei Markus, Matthäus und Lukas, so hat ja das gesamte Wirken Jesu, von der Bekehrung durch Johannes bis zum Tod auf Golgatha, nur ein Jahr gedauert. Auch der Kirchenvater Irenäus von Lyon schreibt im 2. Jahrhundert, Jesus sei nur zwölf Monate aufgetreten.[13] Vermutlich nicht einmal das.

Für diesen überstürzten Ablauf einer göttlichen Sendung suche man nach einem Vergleich. Man wird ihn nicht finden. Bei Moses war es, wie gesagt, ein religiöser Marathon von vierzig Jahren. Mohammeds religiöse Berufung ist in einem langen Kaufmannsleben fast bürgerlich herangereift. Gautama Buddha wurde auch, wie Jesus, etwa im Alter von dreißig Jahren erleuchtet. Doch dann ließ er sich Zeit. Ist Zeit nicht das Wichtigste, was ein Mensch zur religiösen Reifung braucht? Ein Jahr? Nein, fünfzig Jahre läßt sich Buddha Zeit. In göttlicher Reife stirbt er mit achtzig.

Und da er soviel Zeit hat, sitzt Buddha erst einmal sieben Jahre lang unter dem Feigenbaum von Uruvela. In einer Stimmung von so göttlicher Gelassenheit, daß man als Abendländer versucht ist, von christlicher Seelenruhe zu sprechen.

Von christlicher Seelenruhe bei Jesus keine Spur. Mißt man ihn an Buddha, so nähern sich seine «vierzig Tage» Schnellbesinnung schon verdächtig dem «Drei-Tage-Intensiv», in dem heute Guru Ma Ji amerikanischen Führungskräften «vollkommene Erleuchtung» vermittelt. Wobei übrigens, nach meiner Erfahrung, die drei Tage Einkehr bei der schönen Guru Ma Ji in Ganeshpuri verhältnismäßig entspannt verlaufen, verglichen mit dem vierzigtägigen Tumult der Meditation Jesu in der Wüste.

Was ist das überhaupt für ein «Geist», der ihn «schnurstracks» in die Wüste «trieb»? Kaum ist er dort, so ist jedenfalls der Satan, der ihm nicht einmal diese vierzig Tage lang jene «stabilitas loci» gönnt, jenes ruhige Verweilen am selben Ort, das, dem heiligen Benedikt zufolge, eine der wichtigsten Voraussetzungen religiöser Selbstfindung ist. Mal treibt ihn der Teufel hinüber nach Jerusalem, mal treibt er ihn hinauf auf den «Berg der Versuchung». Und ruhelos treibt er ihn von einer Versuchung in die andere. Der Satan als Genius loci am Ort der Selbstbesinnung?

Um nachempfinden zu können, was Jesus erlebte, habe ich diesen Ort besucht. Er liegt ein paar Kilometer westlich vom Jordan bei dem arabischen Dörflein Tell es-Sultan, nicht weit von Jericho. Überall in den Schluchten, an den Felshängen trifft man auf Reste uralter Höhlen und Einsiedeleien, in die sich damals, nach dem reinigenden Bad im Jordan, manche Büßer für ein paar Tage zurückgezogen haben. Darüber wölbt sich jener «Berg der Versuchung», wo Jesus «vom Satan versucht wurde» (Markus 1; 13).

Der Aufstieg dauert anderthalb Stunden. Aber die Mühe lohnt sich. Das flimmernde Licht über Jericho und, dahinter, über der arabischen Wüste erzeugt einen Eindruck von göttlicher Weite und kosmischer Schönheit. So weit das Auge reicht, ist nichts zu sehen als die Herrlichkeit Gottes des Schöpfers.[14]

Der Teufel? In Dörfern mag er zu finden sein, vielleicht auch in Großstädten. Aber doch nicht hier. Hier, wo nichts als Schönheit ist und Gegenwart Gottes. Mir ging es auf dem «Berg der Versuchung Jesu» wie Charles de Foucauld auf dem Assekrème, in der Sahara: «Das Panorama ist unvorstellbar schön. Ich kann nicht hinblicken, ohne Gott anzubeten.»[15]

Was muß in einem Menschen sein, daß er an einem Ort von so überwältigender, göttlicher Herrlichkeit nichts anderes erlebt als den Satan?

Seit alters gilt die Wüste als «Ort der Wahrheit»[16]. Da kommt heraus, was in einem Menschen steckt. So ist in der Tat die «Versuchung in der Wüste» ein wiederkehrendes Muster der Religionsgeschichte. Auch Antonius und Pachomius, die ägyptischen «Wüstenväter», haben sie im 4. Jahrhundert erlebt. Unterscheidend, auffällig und einmalig bleibt dennoch das *Wie* der Versuchung Jesu. Während nämlich Antonius und Pachomius, unter ihrer ägyptischen Palme sitzend, nichts als sexuelle Phantome sahen – «ganze Legionen nackter Frauen», ja «Frauen in allen Stellungen» [17] –, sind die Versuchungen, die Jesus in jenem vierzigtägigen inneren Aufruhr erlebt hat, von vollständig anderer Art. Laut Matthäus und Lukas waren sie allesamt Versuchungen der Machtgier und des Größenwahns.

Die erste Versuchung Jesu ist der Hunger. In einem andern Menschen würde er gewiß das Wunschbild eines Festmahls wecken. Nicht in Jesus. Ihm ist der Hunger nur Anlaß zu einer Macht-Phantasie: «Und es kam der Versucher herbei und sagte: ‹Wenn du der Sohn Gottes bist, sprich, daß diese Steine Brot werden›» (Matthäus 4; 3).

Die zweite Versuchung überkommt Jesus bei einem Ausflug ins nahe Jerusalem auf der Tempelzinne. Überwältigt ihn dort die Schönheit der Heiligen Stadt? Nein, nichts als der Satan setzt ihm zu: «Wenn du der Sohn Gottes bist, stürze dich hinab! Denn es steht geschrieben: Seinen Engeln wird er befehlen, dich auf Händen zu tragen, damit du deinen Fuß nicht stoßest an einen Stein» (Matthäus 4; 6). Jesus wird, mit anderen Worten, von der Phantasie versucht, seine Omnipotenz sei so groß, daß für ihn nicht einmal die Gesetze der Schwerkraft gelten. Nebenbei gesagt: das ist eine religiöse Wahnvorstellung, die in unseren Tagen auch Guru Maharishi Mahesh Yogi beflügelt (er nennt so etwas «inspirierte Flugübungen» [18]).

Und dann die Berge der Heimat. Selbst Berge erlebt Jesus ausschließlich unter dem Gesichtspunkt der persönlichen Allmacht: «Wiederum führte ihn der Teufel mit sich auf einen sehr hohen Berg, zeigte ihm alle Reiche der Welt und ihre Herrlichkeit und sprach zu ihm: ‹Das alles will ich dir geben, wenn du niederfällst und mich anbetest›» (Matthäus 4; 9).

So die drei Fabeln, mit denen Matthäus und Lukas den kürzeren Bericht des Markus-Evangeliums über die Versuchung Jesu durch den Satan im Detail ausschmücken. Fabula docet. In der Fabel ist Wahrheit. Nicht in ihren erzählerischen Einzelheiten, aber in ihrer Thematik. Und die Thematik der Versuchung in der Wüste ist bei Jesus nicht nur ein bißchen, sondern radikal anders als, beispielsweise, bei Antonius von Ägypten oder bei Hieronymus. Wie in einem Prolog ist in der Versuchung Jesu das *Wie* seines gesamten öffentlichen Auftritts vorweggenommen. Die Stimmung ist geprägt von Unruhe und Überstürzung, das untergründige Leitmotiv ist eine satanische Einbildung von Größe und Macht. In dieser bedenklichen Verfassung kehrt Jesus von der Taufe im Jordan heim nach Nazareth.

2. Wie ist Jesus gewandert?

«Und nicht einmal zum Essen
fanden sie Zeit.»
Markus 6; 31

Kehrt Jesus heim nach Nazareth? Er hätte dazu allen
Grund gehabt. Johannes der Täufer pflegte nämlich die
Büßer, die zu ihm gepilgert kamen, nach der Taufe im
Jordan wieder zurückzuschicken. Heim in die Familie,
heim in den Beruf. «Johannes», schreibt David Flusser,
«wollte ja keine Sekte gründen und meinte, es sei besser, wenn ein jeder in seinen Beruf zurückkehre.»[19]
Jesus war Zimmermann von Beruf, Sohn eines Zim-
mermanns. Dringend wartete daheim in Nazareth ein
handwerklicher Familienbetrieb auf seinen Meister.
Eine Familie wartete auf ihren Ernährer. Vieles spricht
dafür, daß auch eine Ehefrau auf seine Heimkehr wartete.[20] Und war es keine Kleinfamilie mit Ehefrau und
Kindern, so war es jedenfalls – viel anspruchsvoller noch
– eine orientalische Großfamilie, die ungeduldig auf
den Meister und Ernährer wartete. Seine Mutter Maria,
seine Brüder Jakob und Joseph, Simon und Judas, seine
Schwestern alle (Matthäus 13; 55−56) warteten auf ihn.
Sie warteten umsonst. Statt Johannes dem Täufer zu
gehorchen und heimzukehren in die Verantwortung
von Familie und Beruf, beginnt der eben erst Erleuch-

34

tete unstet übers Land zu wandern. Als Erweckungsprediger und Wundertäter.

«Wandern» ist ein schönes Wort. Die einstige Geruhsamkeit und Beschaulichkeit, die Naturverbundenheit
der deutschen Romantik klingt noch immer darin. Für
das, was Jesus tut, ist es das völlig falsche Wort. Kaum
ist er vom Jordan nach Galiläa heimgekehrt, so geht es
in einem Tempo los, mit einer motorischen Unruhe, für
die sich ein aktueller Vergleich aufdrängt: So, genauso
unstet düst in unseren Tagen Papst Johannes Paul II.
durch die Welt. Natürlich hat einer mit Alitalia ganz andere Möglichkeiten als auf dem biblischen Esel. Aber
das ist nur ein Unterschied im Aktionsradius, nicht im
Stil.

«Sofort, sogleich, stracks, augenblicklich» geht es von
Galiläa nach Samaria, von Samaria nach Judäa, von Judäa nach Peräa und wieder heim nach Galiläa, von Galiläa hinauf nach Phönizien, von Phönizien hinüber in
die Tetrarchie des Philippus, dann hinab in die Dekapolis und wieder heim nach Galiläa. «Halt an, wo rennst
du hin...»

Doch auch daheim in Galiläa kein Innehalten. Von
Nazareth nach Kana, von Kana nach Magdala, von
Magdala nach Genezareth, von Genezareth nach Kapharnaum, von Kapharnaum nach Chorazin, von Chorazin mal ins eine, mal ins andere Bethsaida. Vom
«Berg der Seligsprechungen» zum «Berg der Verklärung», vom linken Ufer des Sees Genezareth zum rechten, zu Wasser und zu Lande, bei Tag und auch bei
Nacht. «Halt an, wo rennst du hin, der Himmel ist in
dir.»[21]

Der Eindruck des überhasteten und chaotischen Herumdüsens ist um so schlimmer, als das Markus-Evan-

gelium ja darum bemüht ist, die Vorgänge plakativ zu
vereinfachen. Hilft nichts. Auch ein suchender Blick in
die beiden andern synoptischen Evangelien, Matthäus
und Lukas, vertieft nur diesen Eindruck geographi-
scher Verwahrlosung.

Generationen von Exegeten haben ihren ganzen
Fleiß und Ehrgeiz dareingesetzt, das Plausible vom Un-
wahrscheinlichen, das Legendäre vom Historischen zu
trennen und auf diese Weise etwas Ordnung in die
Wirrnis und etwas Übersichtlichkeit in die Wander-
wege Jesu Christi zu bringen. Das Ergebnis dieser gut-
gemeinten Harmonisierungsversuche ist einzusehen
in jedem Atlas zur Bibel. Die schönsten Farben, die
schönsten Graphiken helfen da nichts. Das Ganze bleibt
ein wildes Durcheinander von Pfeilen, Linien und
Kurven, die sich an drei Stellen, nämlich um Nazareth,
um Kapharnaum und um Jerusalem rettungslos ver-
knäueln.[22]

«Von Ulm nach Metz, von Metz nach Mähren…»
Zum Verwechseln ähnlich wie eine Heereskarte aus
dem Dreißigjährigen Krieg nimmt sich die Wander-
karte Jesu Christi aus. Selbst wenn er in Wirklichkeit
nur einen Teil all dieser Strecken in einem knappen
Jahr zurückgelegt hat, dann muß auf diesen Parforce-
Wanderungen doch jener Streß geherrscht haben, den
Markus im 6. Kapitel auf den Satz bringt: «Und sie fanden nicht einmal Zeit zum Essen» (Markus 6; 31).

Dem Liebhaber der gegenwärtigen religiösen Szene
fällt es schwer, bei alledem nicht an Bhaktivedanta
Swami Prabhupada zu denken, den Gründer der Hare-
Krishna-Bewegung. Wenn er nicht, viel schneller noch
als Papst Johannes Paul II., von Bombay nach London
düste, von London nach Sidney, von Sidney nach

Frankfurt, von Frankfurt nach New York, dann brach Seine Göttliche Gnade, jeden Morgen schon um vier, auf zu endlosen Predigt-Wanderungen am Strand von Los Angeles. Obwohl schon über siebzig, legte er dabei ein solches Tempo vor, daß die devote Schar kahlgeschorener Jünger, die mit Kameras und Mikrophonen jedes seiner göttlichen Offenbarungsworte festzuhalten suchten, außer Atem hinter ihm herrannte.

Schalom Ben-Chorin war vorsichtig genug, das Wort vom «Amoklauf des Heils» [23] nur für die Reisen des Apostels Paulus zu prägen. Doch es paßt zu Jesus selbst viel besser. Sogar Gespräche von welthistorischer Bedeutung führt Jesus — offenbar in ähnlicher Zeitnot wie später Napoleon — nur noch en route. So zum Beispiel jenen berühmten Dialog, mit dem, wie viele annehmen, buchstäblich der erste Schritt zur Gründung der Katholischen Kirche getan wurde: «Und hinaus ging Jesus mit seinen Jüngern in die Dörfer von Caesarea Philippi. Und unterwegs fragte er seine Jünger: ‹Was sagen die Menschen, wer ich sei?›» (Markus 8; 27). Im Eiltempo nutzt Petrus die Gelegenheit, sich als Papstamts-Kandidat zu profilieren: «Du bist Christus» (Markus 8; 29). Man reibt sich die Augen, man vermag es heute kaum noch zu glauben: Die langsamste Institution der Welt, die Katholische Kirche, ist tatsächlich im Laufschritt gegründet worden!

Zwischendurch hat Jesus ein Einsehen: «Ruht euch ein wenig aus!» sagt er zu den Aposteln (Markus 6; 31). Doch von wirklicher Erholung keine Rede. Gleich geht es wieder los: «Und sofort [sogleich, stracks, augenblicklich] drängte er seine Jünger, einzusteigen in das Boot» (Markus 6; 45). Den Pharisäern geht es übrigens nicht besser als den Jüngern. Auch sie hecheln atemlos hinter Jesus her: «Und er ließ sie stehen, stieg wiederum ein und fuhr weg an das jenseitige Ufer» (Markus 8; 13). Nicht einmal den Elementen gelingt es, sich der Unrast zu entziehen, die Jesus um sich verbreitet: «Und außerdem wurde das Meer von einem heftig wehenden Wind aufgewühlt» (Johannes 6; 18).

Um einen Augenblick bei Johannes zu bleiben: «Darauf zogen sich viele Jünger zurück», schreibt er, «und wanderten nicht mehr mit ihm» (Johannes 6; 66). Woran mag es gelegen haben, daß die erweckte Wandergruppe, jedesmal wenn Jesus sich umdrehte, ein bißchen kleiner geworden war? Johannes erklärt das mit der «harten Rede» des Erlösers (Johannes 6; 60), welche die empfindlichen Seelen abgeschreckt habe. Aber vielleicht waren es nur die empfindlichen Füße mancher Jünger, die unter dem Schrittempo des Meisters unerträglich gelitten haben.

Und bei alledem, vergeßt es nicht, sitzt zu Hause in Nazareth eine Familie und wartet auf den Ernährer, ein kleiner Handwerksbetrieb macht pleite, weil den erleuchteten Chef die religiöse Wanderlust gepackt hat. Da geschieht das Unerwartete. Wie Papst Johannes Paul II. gelegentlich heimfindet in den Vatikan, fast so zufällig und überraschend kommt auch Jesus auf einen Sprung nach Nazareth: «Als die Seinen das hörten, kamen sie her, um ihn festzuhalten. Denn sie sagten: ‹Er ist durchgedreht›» (Markus 3; 21).

Das ist das bedenkenswerte Urteil der Menschen, die Jesus am besten gekannt haben. Es wird von keinem Exegeten ernst genommen. Selbst Albert Schweitzer kommt in seiner Schrift «Die psychiatrische Beurteilung Jesu» zu dem Schluß, daß jene fiebernde Unrast kein individueller Zustand Jesu war, sondern daß sie das gesamte jüdische Volk erfaßt hatte, die Galiläer besonders. Die Juden selbst sprachen von «messianischen Wehen». Der moderne exegetische Fachausdruck dafür heißt «eschatologische Naherwartung».[24]

Das ist, wie alle theologischen Begriffe, ein großartiges Wort für eine gar nicht so großartige Gemütsverfassung, die jeden gelegentlich überwältigt. Auf jedem Bauplatz, in jedem Büro, in jeder Dreizimmerwohnung steigert sich von Zeit zu Zeit der aktuelle Ärger und verdichtet sich mit der Unsumme lang aufgestauter Probleme zu dem kollektiven Aufschrei: «So kann es nicht weitergehen. Das halten wir nicht mehr aus. Jetzt *muß* etwas geschehen.»[25]

«Eschatologische Naherwartung». Daß diese recht gewöhnliche Erregung bei den Juden einen speziellen Namen hat, liegt an ihrem speziellen Verhältnis zum Herrgott. Ihr Bund mit dem Gott Abrahams, Isaaks und Jakobs war ein Bund auf Gegenseitigkeit. Einerseits beteten die Juden diesen Gott an und unterwarfen sich seinen Geboten, anderseits übernahm es dieser Gott, für die Freiheit und das Wohlergehen seiner auserwählten Nation zu sorgen.

Wo blieb dieser himmlische Verbündete zur Zeit Jesu? Warum tat er nichts für sein verbündetes Volk? Warum ließ er es zu, daß fremde Besatzer das verheißene Land beherrschten und ausbeuteten? So gedrückt war die Stimmung in Palästina, daß schon zu Lebzeiten Jesu etwa achtzig Prozent der Juden aus ihrer Heimat ausgewandert waren.[26] Und die Zurückgebliebenen? Mit eigenen Augen hat Jesus als Kind wahrscheinlich mitansehen müssen, wie die Römer, nach einem Steuerstreik in Galiläa, zweitausend Juden ans Kreuz schlugen.[27] Nur mal so zur Abschreckung.

In all dem Jammer aber war an dem himmlischen Verbündeten kein Zweifel erlaubt. Denn der Gott Abrahams, Isaaks und Jakobs ist wesenhaft «ein treuer Gott» (5. Moses 7; 9). Eine einzige Erklärung war möglich: Gott hatte die Dinge nur deshalb immer unerträglicher schleifen lassen, um in allerletzter Stunde für sein Volk um so radikaler, um so triumphaler in die Geschichte einzugreifen. Jetzt stand das «Reich Gottes» unmittelbar – «sofort, sogleich, stracks, augenblicklich» – bevor.

«Eschatologische Naherwartung» – Hochkonjunktur für messianische Erweckungsprediger mit der Botschaft: «Die Zeit ist erfüllet, und das Reich Gottes ist herbeigekommen» (Markus 1; 15). Wir wissen: solche Prediger sind zur Zeit Jesu in dem aufgewühlten jüdischen Volk so zahlreich aufgetreten [28], daß das erweckungsbedürftige Volk zeitweise die Übersicht über seine Erwecker verlor. Selbst in den Evangelien, die doch nichts verkünden wollen als Jesus Christus, klingt das an. An zwei Stellen erfahren wir zum Beispiel bei Markus, daß Jesus immer wieder mit einem andern, uns bereits bekannten Erweckungsprediger verwechselt wurde: «Man sagt, du seiest Johannes der Täufer» berichten die Jünger dem Meister (Markus 8; 28, vgl. 6; 16). Vom 1. Kapitel bei Markus über das 3. Kapitel bei Johannes bis zum 20. Kapitel bei Lukas läuft denn auch das messianisch aufgewühlte Volk mal zu Johannes, dem Älteren, mal zu Jesus, dem Jüngeren, rennen zwischen den beiden die Kundschafter hin und her, um die offenbar einzig wichtige Frage zu klären: wer von den beiden der Größere sei (Markus 1; 7; Matthäus 11; 11). Bis sich schließlich bei Lukas sogar die beiden Geburtslegenden miteinander verflechten (Lukas 1; 39–80).

Jesus von Nazareth und Johannes der Täufer – zwei

Erweckungsprediger mit der gleichen Botschaft für das gleiche erweckungsreife Volk? Daß die Menge – bei aller Ähnlichkeit der Botschaft – den radikalen Unterschied zwischen den beiden Männern nicht wahrnahm, hat einen schlichten Grund: Die meisten Menschen getrauen sich nicht, bei Gottesmännern hinzublicken auf das *Wie*.

Etwas Rauhes und Strenges ist um Johannes, ja etwas Abweisendes. Obwohl er nach der Vermutung der meisten Historiker mehr Anhänger hatte als Jesus, kümmerte er sich nicht um Zulauf. Wer etwas von ihm wollte, der mußte, wir haben es gesehen, zu ihm hin: «Und hinaus zog zu ihm das ganze jüdische Land» (Markus 1; 5). Und wie er sich keinem aufdrängte, so hielt er auch keinen fest. Hatte er ihnen den Kopf gewaschen, so schickte er seine Täuflinge heim. Zurück in ihren normalen Lebenskreis.[29]

Das ist das Verhalten eines Mannes, der sich nicht anbiedert. Aber weltfremd ist dieses Verhalten nicht, ganz im Gegenteil. Am politischen Schicksal des jüdischen Volkes hat Johannes sogar in solchem Maße teilgenommen, daß ihn sein freies Wort den Kopf gekostet hat. Doch in all der Unruhe der Zeit verrückt sich sein Standpunkt nicht. Er bleibt am Ort. Wie ein Hornissenschwarm mit seinen Jüngern übers Land zu jagen, kommt dem Täufer nicht in den Sinn. Wie die meisten geistlichen Meister der Menschheit, wie zum Beispiel später Gregor der Große, muß Johannes der Auffassung gewesen sein, daß nichts der religiösen Selbstfindung so schadet wie das Laster der vagatio [30] (zwanghafte Mobilität, zielloses Umherreisen). Ein geradezu postmodernes Laster übrigens.

Aber vergessen wir Johannes den Täufer und den hei-

ligen Benedikt. Vergessen wir das theologisch aufgebla-
sene Wort von der «eschatologischen Naherwartung».
In eine Zeit der Unrast und der Umsturzerwartungen
hineingeboren zu werden, war das Schicksal aller großen Stifter und Weisen. So oder ähnlich muß die Stimmung auch in China gewesen sein, kurz vor dem Tod
des Laotse.

> «Als er siebzig war und war gebrechlich,
> Drängte es den Lehrer doch nach Ruh,
> Denn die Güte war im Lande wieder einmal
>   schwächlich
> Und die Bosheit nahm an Kräften wieder einmal zu.
> Und er gürtete den Schuh.»

Jesus und Laotse – zwei Erleuchtete machen sich auf
den Weg. Der eine, um die Aufregung im Lande noch
mehr anzuheizen, der andere, um ihr zu entgehen. Es
fällt mir schwer, in Worte zu fassen, wie sehr mir Laotse
gefällt.

3. Wie hat Jesus Wunder gewirkt?

«Sofort, sogleich, stracks,
augenblicklich»
Markus 5; 42

So anstrengend es sein mochte, mit Jesus zu wandern, die eigentliche Strapaze steht uns noch bevor. Ihre äußerste Steigerung erfährt die Unruhe um Jesus nämlich dann, wenn er mit seinen Jüngern Pause macht. Liegt das an der Menge, die ihn dann von allen Seiten umdrängt? Eher liegt es an dem, was er der Menge bietet. Markus schildert die Szene wie in einem Film: «Und er kam erneut nach Kapharnaum, einige Tage danach. Als bekannt wurde, daß er in seinem Hause sei, versammelten sich so viele, daß kein Platz mehr war, nicht einmal vor der Tür. Und er redete ihnen das Wort» (Markus 2; 1–2).

Wie zumeist, wenn einer redet, wächst die Ungeduld. Denn alle warten auf etwas anderes: «Und sie kamen und brachten ihm einen Gelähmten, getragen von vieren. Und da sie nicht zu ihm vordringen konnten wegen der Menge, deckten sie das Dach ab und senkten das Bett mit dem Gelähmten zu Jesus hinab» (Markus 2; 4–5). Doch Jesus redet weiter; die Spannung steigt ins Unerträgliche.

Und dann geschieht es. Es geschieht nullkomma-

43

plötzlich: «‹Ich sage dir, stehe auf, nimm dein Bett und gehe heim.› Und sofort [sogleich, stracks, augenblicklich] nahm er sein Bett und ging vor aller Augen hinaus. So daß alle sich entsetzten und sagten: ‹So etwas haben wir noch nie gesehen!›» (Markus 2; 11 – 12).

Von Rudolf Bultmann stammt die Legende, die Wunder Jesu seien etwas Uneigentliches, eine fabulöse Zutat, die es zu entmythologisieren gelte, um zum Eigentlichen, zur Botschaft des Erlösers vorzustoßen.[31] Ein vergleichender Blick in die vier Evangelien zeigt, daß das nicht stimmen kann. Weitaus am *wenigsten* Raum nämlich nehmen die Wunder gerade bei Johannes ein, in jenem Evangelium also, das als letztes geschrieben wurde, und wo Jesus am stärksten zum Gott verklärt wird, wenn man so will, zum «kerygmatischen Christus». In dem viel ursprünglicheren Bericht bei Markus dagegen, wo der irdische, der «historische» Jesus noch ganz sinnenhaft erlebbar ist, wo die nachträgliche Verklärung Jesu zum Gott noch am schwächsten ist, gerade da kommen die Wunder nur so hintereinanderher gepurzelt. Gegen Bultmann überwiegt deshalb in der heutigen Jesus-Forschung die Ansicht, «daß die Heilungen und Wunder die ureigenen Taten Jesu waren und die Verkündigung dann als zweiter Schwerpunkt seiner Tätigkeit hinzukam»[32]. Mit andern Worten: der fahrende Wundertäter ist der eigentliche, historische Jesus – die spätere kerygmatische Verklärung Jesu zum Gott hat das eher zurückzublenden versucht.

Kein Wunder also, daß von den 661 Versen des Markus-Evangeliums 209 nur mit den Wundertaten Jesu beschäftigt sind.[33] Und so unterschiedlich die 35 Wunder Jesu sein mögen, eins haben sie gemein. Das ist die unglaubliche Hektik, in der sie geschehen:

«Und es kam zu ihm ein Aussätziger, rief ihn zu Hilfe, fiel auf die Knie und sagte zu ihm: ‹Wenn du willst, kannst du mich rein machen.› Und zornerfüllt streckte er seine Hand aus, rührte ihn an und sagte zu ihm: ‹Ich will, werde rein!› Und sofort [sogleich, stracks, augenblicklich] wich von ihm der Aussatz, und er wurde rein. Und Jesus bedrohte ihn und trieb ihn sofort [sogleich, stracks, augenblicklich] von sich» (Markus 1; 40–43).

Selbst Tote reiben sich nicht erst mal sachte die Augen. Sie stehen, von Jesus auferweckt, nullkommaplötzlich auf. So wie die Tochter des Jairus: «Er aber trieb alle hinaus, nahm sich den Vater des Kindes, die Mutter und die bei ihm waren und ging hinein, wo das Kind war. Und er ergriff die Hand des Kindes und sagte ihr: ‹Talita kummi!› Das heißt übersetzt: ‹Mädchen, ich sage dir, steh auf!› Und sofort [sogleich, stracks, augenblicklich] stand das Mädchen auf und ging umher; es war nämlich zwölf Jahre alt. Und sie entsetzten sich sofort [sogleich, stracks, augenblicklich] in gewaltigem Entsetzen» (Markus 5; 40–42).

Einen Sommer lang hat mich ein indischer Freund, ein Brahmane, mitgenommen durch sein Land. Er wollte mir jene indischen Wundertäter zeigen, die heute das gleiche tun wie Jesus damals. Die großen, weltberühmten Wundertäter, vor allem aber die kleinen Wander-Wundergurus für den indischen Hausgebrauch. Es war eine abenteuerliche Reise, und fast alles war mir fremd. Doch eines kam mir bekannt vor. Verdächtig bekannt.

Ob nämlich Guru Sai Baba in Puttaparthi von seinem Purpurthron herab für mich eine echte Schweizer Uhr aus der Transzendenz ins Diesseits «materiali-

sierte», ob Seine Heiligkeit Shiva Bala Yoghi im neuen
Marmortempel zu Bangalore mich mit einem göttlich
sanften Schlag auf die Stirn vom Kopfweh heilte, ob
gar die Größte und Schönste von allen, Guru Ma Ji,
im Heiligtum von Ganesphuri die schlummernde
Kundalini-Energie in meinem Steißbein persönlich
weckte, was immer Wunderbares an mir geschah, es
geschah nullkommaplötzlich. Markus würde sagen:
«euthys».

Am spannendsten waren die kleinen, namenlosen
Gurus. Gottesmänner in Fleisch und Blut, die, genau
wie damals durch Palästina, heute noch, die gleichen
Wunder wirkend, durch die Dörfer Indiens ziehen. In
Neimod, einem verlorenen Dorf bei Indore, habe ich
einen aus nächster Nähe erlebt. Er nannte sich Mata Ji
und tat, wenn der Mond zunahm, Wunder vom frühen
Nachmittag bis Sonnenuntergang.

Gut, daß wir schon am Morgen da waren. Am frühen Nachmittag herrschte vor dem Haus in Neimod genau das gleiche unabsehbare Getümmel schreiender,
klagender, lachender, drängelnder, stoßender, schwit-
zender Menschen wie vor dem Hause Jesu in Kapharnaum. Wäre Guru Mata Ji nicht gegen drei Uhr, blu-
menbekränzt, aus der Tür getreten, sie hätten ihm, wie
damals in Kapharnaum, das Dach abgedeckt.

Bis Sonnenuntergang erlebte ich so in Neimod weit
über hundert Wunder, fast alles wunderbare Heilungen
von der gleichen Art, wie Jesus sie gewirkt hatte: Blinde
sahen, Taube hörten, Lahme gingen. Merkwürdig war
nur eines. Obwohl ich keine zwei Meter von dem Wundertäter entfernt stand, war das Gewühl so groß, daß ich
in keinem einzigen Falle genau sehen konnte, was geschah. Mir war durchaus unklar, ob überhaupt etwas

46

geschah. Alles war viel zu aufgeregt. Alles ging viel zu schnell.

Wie bei den Wundern Jesu. Der Historiker Michael Grant, sonst ein pietätvoller Bewunderer Jesu, weist darauf hin, daß Markus, das ursprünglichste Evangelium, als einziges ebendiesen konfusen Eindruck, den die meisten Augenzeugen auch bei den Wundern Jesu hatten, noch nicht wegretouchiert hat.[34] So vor allem im 6. Kapitel, wo die beiden spektakulärsten Wunder, die Brotvermehrung und das Seewandeln, wie zu erwarten, blitzschnell aufeinander folgen. Gerade die zunächst Stehenden, die Jünger selbst, berichtet Markus, seien sich nicht im klaren gewesen, was sie gesehen hatten. Ja, sie waren im Zweifel, ob sie überhaupt etwas gesehen hatten: «Und da sie ihn auf dem Meer wandeln sahen, meinten sie, es wäre ein Gespenst und schrien» (Markus 6; 49). Ihre Verstörung, fährt Markus erklärend fort, sei deshalb so groß gewesen, weil sie kurz zuvor am Ufer, bei der wunderbaren Speisung der Fünftausend, auch nicht klar erkannt hätten, was da nun wirklich Übersinnliches geschah: «Denn sie waren nicht zur Einsicht gekommen bei den Broten, sondern ihr Herz war verhärtet» (Markus 6; 52). «Mit andern Worten», schließt Michael Grant, «es hatte sich gar kein Wunder ereignet, das man hätte bemerken können.»[35] Zumindest ging es den Jüngern bei den Wundern am See Genezareth genauso wie mir bei den Wundern auf dem indischen Dorf: Sie waren sich je länger desto weniger im klaren, ob sie wirklich etwas wahrgenommen hatten. Kein Wunder, daß sie zum Schluß sogar Gespenster sahen. Die Aufregung war wohl zu groß. Und alles war, wie immer bei Jesus, viel zu schnell gegangen. Gespenstisch schnell.

Als der Abend sank über das Dorf Neimod bei Indore, als Guru Mata Ji Schluß machte mit seinem Wunderbetrieb und die gläubige Menge sich ebenso rasch, wie gekommen, wieder in alle Winde verlief, da verspürte ich, zum ersten Mal an jenem Tag, eine religiöse Regung. Nach all dem Tumult brauchte ich dringend einen Augenblick der Ruhe. Und so ging ich vors Dorf hinaus. Dort traf ich ein blindes Kind, das Guru Mata Ji ein paar Stunden zuvor so wunderbar geheilt hatte, daß ein einziger Aufschrei durch die begeisterte Menge ging: «Der Junge sieht!»

Mit ausdruckslosen Augen, so blind wie zuvor, tappte der arme Bub am Wegrand vor sich hin. Seine Mutter saß da, trostlos und zerschlagen.

Ist es ein Zufall, daß wundertätige Gottesmänner um sich eine Aufregung zu verbreiten pflegen, in der das Publikum den Kopf verliert? Liegt es vielleicht gar in der Sache selbst begründet, wenn die meisten indischen Wunderheiler heute noch, kaum haben sie ihre staunenswerten Taten vollbracht, so überstürzt weiterziehen wie einst Jesus von Nazareth?

Der größte abendländische Wundertäter in der Nachfolge Jesu war der heilige Johannes von Capistrano. Dieser italienische Wanderheilige des 15. Jahrhunderts hat auf seinen Predigtzügen durch deutsche Lande Tausende von Wundern gewirkt. Ähnlich wie von Franz von Assisi hieß es von ihm, er tue «die gleichen Wunder wie Jesus Christus, jedoch in weit größerer Zahl».

Die gleichen Wunder wie Jesus? Es fügt sich, daß dieser Nachfolger Jesu, anders als Jesus selbst, bei seinen Wundertaten einen kritischen Chronisten hatte. Das war der «böse Bruder» Matthias Doering, ein Erfurter Franziskaner. Bei ihm ist nachzulesen, wie die deutschen Krüppel, wenn der heilige Italiener seine Wunder an ihnen wirkte, scharenweise ihre Krücken nur so in die Luft warfen. Wie nach den großen Wundern in Wien, in Erfurt und in Breslau Hunderttausende von Gläubigen begeistert heimkehrten in ihre Dörfer mit der Kunde: «So etwas haben wir noch nie gesehen» (Markus 2; 12).

Und so war keiner mehr dabei, berichtet Doering, wenn ein paar Stunden nach dem Wunder die Gelähmten auf allen vieren zum Ort ihrer wunderbaren Heilung zurückgekrochen kamen, jammernd und klagend, verzweifelt nach ihren Krücken suchend.[36]

Es ist ein weit verbreiteter Aberglaube, daß gerade nervös bedingte Leiden wie Sehstörungen oder Lähmungen durch die charismatische Ausstrahlung eines Wundertäters geheilt werden können. Das Gegenteil ist wahr. Dies sind ja Krankheiten, die sich langsam in der Lebensgeschichte heranbilden. Die Heilung kann nicht schneller sein. Sie setzt, im Umgang des Kranken mit sich selber, Geduld voraus. Geduld ist bewußte, gekonnte Langsamkeit.

Wunder *euthys*? Heilung auf der Stelle? Wer dafür seine Seele, seinen Leib einem allmächtigen Heiland anvertraut, der begeht – ich wäge meine Worte – den gleichen kindischen Fehler wie ein geschlagenes Volk, das sein Elend einem allmächtigen politischen Wundertäter anvertraut. Da geht dann alles auch erst mal «sofort, sogleich, stracks, augenblicklich».

Und es ist nachher alles schlimmer als zuvor.

4. Wie wurde die Humorlosigkeit zur zweiten Person Gottes?

«Wehe dir, Chorazin! Weh dir,
Bethsaida!»
Matthäus 11; 21

Eines Tages in aller Herrgottsfrühe, beim «spiritual breakfast», wurde Rajneesh Bhagwan in Poona der Vorwurf ins Gesicht geschleudert, er sei ein Lügner und Betrüger, ein Schwindler und ein Scharlatan, mit einem Wort: ein «falscher Meister». Erstaunt blickte Bhagwan auf. Dann mußte er lachen: «Aber es muß doch falsche Meister geben! Wo sollten sonst die falschen Jünger hin?»

Das ist der göttliche Schalk der großen Meister Indiens. Wer's nicht begreift, der lese die Bhagawadgita, das Neue Testament der Hindus. Dort steht im zehnten Kapitel, Vers 36, eine abgründige Offenbarung Gottes: «Von allen Betrügern bin ich der gerissenste.»

Ich lese diesen Satz göttlicher Weisheit, und der beklemmende Verdacht steigt in mir hoch, daß alles, was ich bisher über die Wunder Jesu geschrieben habe, falsch sei. Vom Ansatz her falsch.

«Auf dich bin ich hereingefallen.» Das ist das größte Kompliment, das ich einer Frau machen kann. Denn es gibt keine Erotik ohne Betörung.

Und wie zwischen Mann und Frau, so zwischen Gott und dem Menschen. Es gibt keine Religion ohne Betörung und ohne Illusion. Das ist es, was die Bhagawadgita sagen will. Es gibt keine Religion ohne Wunder. Damit ist nicht gemeint, daß Gott ein Religionspädagoge sei, darum bemüht, seine blassen und abstrakten Gedanken dem rückständigen Volke zu vermitteln, indem er sich von Zeit zu Zeit, schmunzelnd und pädagogisch geschickt, zu einem kleinen anschaulichen Wunder herabläßt – diesen schrecklichen Gedanken wollen wir so weit von uns weisen wie das noch schrecklichere Gottesbild, das dahintersteckt. Der Schöpfer aller Dinge ist ein göttlicher Gaukler und Liebhaber. Zwischen ihm und der Welt sind lauter Wunder. Wahrscheinlich ist ein orientalischer Wunderheiliger Gott viel näher als ich.

Als Stadtheiliger von Rom gilt der heilige Filippo Neri.[37] Er hat ein Wunder nach dem andern gewirkt. So viele Wunder, daß es schließlich von ihm hieß, er vollbringe immer drei Wunder gleichzeitig an drei verschiedenen Orten. Das war die wunderbare Gabe der «Trilokation». Und jedesmal, wenn er wieder so einen ganzen Reigen von Wundern gewirkt hatte, faltete der heilige Filippo Neri fromm die Hände. «Herr», betete er dann, «falle nicht herein auf Filippo Neri!» Und ganz Rom lachte. Ganz Rom glaubte. Ganz Rom fiel gern herein auf den heiligen Filippo Neri. Ich auch.

Ich falle gern herein auf die Frau, die ich liebe. Ich falle gern herein auf einen falschen Meister wie Bhagwan oder auf einen echten wie Filippo Neri. Warum falle ich nicht auch gern herein auf die wundersamen Taten und Worte Jesu Christi?

Am nördlichsten Zipfel des Sees Genezareth liegt das

«Evangelische Dreieck». Das sind die drei kleinen Städte Kapharnaum, Chorazin und Bethsaida. Sie werden so genannt, weil Jesus, dem Markus-Evangelium zufolge, in diesen drei Ortschaften die meisten Wunder gewirkt hat. Doch merkwürdig, die Frohe Botschaft Jesu Christi hat den Menschen dort kein Glück gebracht. Bethsaida ist spurlos versunken im Sumpf der Jordan-Mündung. Durch die Ruinen von Kapharnaum stolpern nur noch Touristen. Etwas höher oben, einsam und verlassen in den Hügeln, liegt, ein grauer Trümmerhaufen, das alte Chorazin. Nur ein paar Geißen starrten mich dort aus den Ruinen traurig an, als wollten sie mich fragen: «Was kann der Himmel nur gehabt haben gegen dieses winzige, harmlose Städtchen?»

Dieses winzige, harmlose Städtchen hat eine Todsünde begangen: Es hat die Wunder Jesu gesehen, aber es hat sie nicht *ernst genommen*.

«Da fing er an, die Städte zu schelten, in denen die meisten seiner Machttaten geschehen waren, und die sich doch nicht gebessert hatten: ‹Wehe dir, Chorazin, weh dir, Bethsaida! Wären solche Taten zu Tyrus und Sidon geschehen, wie sie bei euch geschehen sind, sie hätten vorzeiten in Sack und Asche Buße getan. Ich aber sage euch: Es wird Tyrus und Sidon im Jüngsten Gericht erträglicher gehen als euch. Und du, Kapharnaum, das du erhoben wurdest bis zum Himmel, du wirst bis in die Hölle hinuntergestoßen werden. Denn wären in Sodom die Machttaten geschehen, die in dir geschehen sind, es stünde noch heute. Ich aber sage euch: Es wird dem Lande Sodom im Jüngsten Gericht erträglicher gehen als dir›» (Matthäus 11; 20–24).

So ist das: Wer nicht hereinfällt auf die Wunder

Jesu, der wird verflucht, tiefer hinab in die Hölle als die Kindesschänder von Sodom.

Wohlgemerkt, kein Mensch hat Jesus ein Leids getan in Chorazin, in Bethsaida und in Kapharnaum. In Kapharnaum durfte er sogar am Sabbat in der Synagoge predigen, und alle hörten ihm, wenn auch etwas «entsetzt» (Markus 1; 22), so doch geduldig, zu. In Bethsaida wurde er sogar zum Essen eingeladen (Markus 2; 15). Man war, alles in allem, nett zu Jesus. Allerdings glaubte man ihm nicht. Man traute seinen Wundern nicht. Aus welchen Gründen auch immer, man nahm ihn nicht ganz so ernst, wie er sich das gewünscht hätte.

Die Reaktion Jesu ist eine derart gräßliche Serie von Flüchen, daß man meinen könnte, die Humorlosigkeit sei zur zweiten Person Gottes geworden.

Warum darf eigentlich nicht gelacht werden über die Wunder Jesu? Weil sie kein verführerisches Gaukelspiel sind, kein Liebeszauber Gottes, sondern das todernste Gegenteil. Die Wunder Jesu sind allesamt ein finsterer Kampf um die Macht, und zwar nicht nur über die Seelen, sondern durchaus auch über die Leiber. Gleich beim ersten Wunder in der Synagoge von Kapharnaum fängt das an: «Und plötzlich [sofort, sogleich, stracks, augenblicklich] war in der Synagoge ein Mann von einem unreinen Geist besessen, und er schrie auf: ‹Was ist zwischen uns und dir, Jesus von Nazareth? Kamst du, uns zu verderben? Ich weiß, wer du bist, der Heilige Gottes.› Jesus aber bedrohte ihn: ‹Verstumme und fahre aus von ihm!› Und hin und her zerrte ihn der unreine Geist, und laut aufheulend fuhr er aus ihm aus. Und sie entsetzten sich alle» (Markus 1; 23–27).

Was das nur für Wörter sind: «besessen sein», «schreien», «verderben», «bedrohen», «verstummen», «ausfahren», «hin und her zerren», «aufheulen», «sich entsetzen». Genau wie zuvor, als er einsam und allein in der Wüste saß, herrscht jetzt um Jesus in der Synagoge, unter Hunderten von Menschen, eine Stimmung der höllischen Bedrohung und Verängstigung. Dabei ist Kapharnaum zu diesem Zeitpunkt noch gar nicht verflucht.

Mit leichtem Hokuspokus, mit Zaubertrick und Augenwischerei hat das überstürzte, drängende Tempo der Geschichte Jesu nicht soviel zu tun, wie auf den ersten Blick scheinen mochte. Was ihn ruhelos treibt, ist eine viel dunklere, gefährlichere Magie. «Treiben» ist ohnehin, wie zuvor in der Wüste, das Schlüsselwort für viele seiner Wunder: «Und er trieb viele Teufel aus und ließ die Teufel nicht reden, denn sie kannten ihn» (Markus 1; 34). Fünf Verse später heißt es schon wieder: «Und er ging und predigte in ihren Synagogen in ganz Galiläa und trieb die Teufel aus» (Markus 1; 39).

Und wenn er nicht treibt, dann droht er: «Und die Geister, die unreinen, stürzten, sobald sie ihn erblickten, auf ihn los und schrien: ‹Du bist der Sohn Gottes.› Und heftig drohte er ihnen, daß sie ihn nicht offenbar machten» (Markus 3; 11–12). Er droht sogar Gottes unschuldiger Natur: «Aus dem Schlaf geweckt drohte er dem Wind und sprach zum Meer: ‹Schweig! Verstumme!› Und es legte sich der Wind, und es geschah gewaltige Stille» (Markus 4; 39).

Ostern ist bekanntlich im Frühling. Da tragen die Bäume keine Früchte. Zu Ostern kam Jesus nach Jerusalem. «Als er in der Frühe wieder in die Stadt ging, bekam er Hunger. Und er sah einen Feigenbaum am Weg, ging zu ihm, fand aber nichts daran als Blätter. Da sprach er zu ihm: ‹Niemals mehr wachse auf dir eine

Frucht!› Und der Feigenbaum verdorrte auf der Stelle»
(Matthäus 21; 18–19).

Da wird so gerne, als Exempel für christliche Seelenruhe, das Lutherwort zitiert, wenn morgen die Welt
unterginge, würde er heute noch rasch ein Bäumlein
pflanzen. Und niemand denkt daran, daß gerade diese
christliche Seelenruhe Jesus Christus selbst gefehlt hat.
Am Tag bevor seine Welt unterging, hat Jesus in seiner
aggressiven Überreizung noch rasch einem Bäumlein
den Tod gewünscht.

Ein Erlöser, vor dem die Bäume entsetzt die Blätter
fallen lassen, macht auch Tieren solche Angst, daß sie,
sobald er auftritt, den Kopf verlieren, gelegentlich sogar
das Leben: «Da fuhren die unsauberen Geister aus und
fuhren in die Säue. Und die Herde stürzte den Abhang
hinunter ins Meer. Es waren an die zweitausend. Und
sie ersoffen im Meer» (Markus 5; 13).

Solches tat er östlich des Jordans, bei Hippos, im
Land der Gerasener. Der Schaden war um so größer, als
die Gerasener Heiden waren, Schweinefleisch liebten
und die gewalttätige Verachtung, mit welcher der Jude
Jesus ihre Haustiere in den Tod trieb, überhaupt nicht
verstanden. Begreiflich, daß die Gerasener anfingen,
vor einem solchen Heiland um ihr eigenes Leben zu
bangen. Und so taten sie, was man immer tun sollte,
wenn man einen bedrohlichen Menschen unbedingt
loswerden will – sie blieben ausgesucht höflich: «Und
sie begannen, ihn zu ersuchen, wegzugehen aus ihrem
Gebiet» (Markus 5; 17).

Unter den galiläischen Landsleuten Jesu muß es ein
paar gegeben haben, die diesen heidnischen Sinn für
höfliche Distanz nicht besaßen. Unverblümt äußerten
sie die Vermutung, daß einer, der, wo immer er hin-

kommt, wild und wütend an böse Geister gerät, vielleicht selber einen bösen Geist habe.

Auf diese Psychoanalyse vor der Zeit antwortet Jesus mit dem schlimmsten Wutausbruch des ganzen Evangeliums. Nicht vom *bösen* Geist sei er besessen, sondern vom *heiligen*. Wer auch nur ein einziges Mal den Mund auftue und das Gegenteil behaupte, der komme endgültig und unwiderruflich in die Hölle: «‹Wahrlich, ich sage euch, alles wird den Menschen vergeben, die Versündigungen und die Lästerungen, soviel sie immer lästern. Wer aber den heiligen Geist lästert, der bekommt in alle Ewigkeit keine Vergebung, sondern ist schuldig des ewigen Gerichts.› Denn sie hatten gesagt: ‹Er hat einen unreinen Geist›» (Markus 3; 28–29). Das reicht, das ist so schlimm, daß Jesus die Humorlosigkeit nicht nur zur zweiten, sondern auch gleich noch zur dritten Person Gottes erhebt.

Besonders übel geht es allen, die sich bemühen, Jesus zu verstehen. Am meisten Mühe, mit ihm zu reden und auf ihn einzugehen, gaben sich die Pharisäer. Wir wissen heute, daß sie ihm sehr nahe standen und daß sie die meisten seiner Ansichten teilten. Vor allem gaben sie sich, wie Lukas bezeugt, Mühe, ihm das Leben zu retten (Lukas 13; 31). Gedankt hat er es ihnen so: «Wehe euch, ihr Schriftgelehrten und Pharisäer, ihr Heuchler. Wie getünchte Gräber seid ihr, von außen anmutig, aber innen voll Totengebein und voll von allem Unrat» (Matthäus 23; 27).

Die gräßlichste Verwünschung aber schleudert Jesus jedem ins Gesicht, der es in ferner Zukunft einmal wagen würde, ein kritisches Büchlein über ihn zu schreiben: «Und wer einem einzigen von den Kleinen, die an mich glauben, Ärgernis gibt, für den wäre es besser, wenn ihm ein Mühlstein um den Hals gelegt und er ins Meer geworfen würde» (Markus 9; 42).

Vielleicht ist es an dieser Stelle gut, daran zu erinnern, was wir hier untersuchen und was nicht. Es geht nicht um das Was der Botschaft Jesu; das ist, allen bekannt, die reine Nächstenliebe. Es geht hier um das Wie; das Wie ist eine schwer gereizte, vor keiner Einschüchterung und keiner Verfluchung zurückschrekkende Aggressivität. Etwa nach dem Prinzip: Und willst du nicht mein Bruder sein, so mußt du ewig in der Hölle brennen.

Es wäre aufschlußreich, die Aggressivität Jesu graphisch darzustellen. Wahrscheinlich käme dabei ein ganz ähnliches Schaubild heraus wie bei den Wanderungen Jesu. Ruhelos und ziellos geht sie in alle Richtungen. Natürlich gilt sie denen, die anderer Meinung sind als er: «Ihr Otterngezücht!» (Matthäus 3; 7). Den Spottvögeln gilt sie ganz besonders: «Wehe euch, die ihr hier lacht, denn ihr werdet weinen und heulen» (Lukas 6; 25). Aber sie kann auch ebensogut den biedersten Gefolgsmann treffen: «Er wandte sich um und sprach zu Petrus: ‹Hebe dich weg von mir, Satan!›» (Matthäus 16; 23).

Manchmal richtet sich die Aggressivität Jesu nach oben. Das ist dann sein bekanntes Engagement für die Befreiung Südamerikas: «Wehe euch, ihr Reichen!» (Lukas 6; 24). In ihrer Ziellosigkeit kann sich diese Aggressivität aber ebensogut auch nach unten richten: «Wer hat, dem wird gegeben, und er wird in Fülle haben. Wer aber nicht hat, dem wird auch, was er hat, genommen werden. Und den unnützen Knecht werft hinaus in die Finsternis. Da wird Heulen sein und Zähneklappern» (Matthäus 25; 29–30).

Auffällig aggressiv wird Jesus dann, wenn er andern Menschen Demut und Bescheidenheit ans Herz legt: «Jeder, der sich selbst erhöht, wird klein gemacht werden. Und jeder, der sich selbst klein macht, wird erhöht werden» (Matthäus 23; 12).

Auch gegen Randgruppen richtet sich seine Aggressivität. Homosexuelle zum Beispiel sind für Jesus «Hunde», ja sogar «Säue». Auf niemand anders nämlich als auf die homosexuellen Tempeldiener in den kanaanitischen Heiligtümern, die dem Tempel in Jerusalem Konkurrenz machten, ist dieses Fluchwort Jesu gemünzt: «Ihr sollt das Heilige nicht den Hunden geben und eure Perlen nicht vor die Säue werfen...» (Matthäus 7; 6).[38]

Insgesamt sind Ausländer für Jesus «Hunde». Wie etwa die hilfesuchende Frau aus Kanaan: «Sie kam, fiel vor ihm nieder und sprach: ‹Herr, hilf mir!› Er aber gab zur Antwort: ‹Es ist nicht fein, den Kindern das Brot wegzunehmen und es wegzuwerfen vor die Hunde!›» (Matthäus 15, 25–26).

Genausogut richtet sich die Aggressivität Jesu aber auch gegen die eigene Familie: «Weib, was habe ich mit dir zu schaffen?» (Johannes 2; 4) fährt Jesus – für einen Juden schockierend – die eigene Mutter auf der Hochzeit zu Kana an. Ja es ist eine Aggressivität, die jede normale und gesunde zwischenmenschliche Bindung zerstören will: «Wenn einer zu mir kommt und haßt nicht seinen Vater, Mutter, Weib, Kind, Brüder, Schwestern, ja sein eigenes Leben, so kann er nicht mein Jünger sein» (Lukas 14; 26). Es ist zum Schluß eine Aggressivität gegen das ganze Universum: «Wehe der Welt der Ärgernisse wegen!» (Matthäus 18; 7).

«Aggressivität» ist ein psychologisierender, ein moderner und somit ein abgenützter Begriff. Markus hat ein anderes, ein ungleich älteres, somit frischeres Wort. Sein griechisches Schlüsselwort für den Charakter Jesu heißt δύναμις, «dynamis». In heutiges Deutsch übersetzt heißt das «Power»: «Und sofort [sogleich, stracks, augenblicklich] spürte Jesus die dynamis, die von ihm ausgegangen war» (Markus 5; 30). «Dynamis» ist bei Markus die Vokabel für «Wunder». Sie beherrscht die Erzählung in solchem Maße, daß sie sogar im Plural vorkommt. Alle Wundertaten Jesu sind bei Markus «dynámeis» (Markus 6; 2) – auf deutsch «Kraftakte», «Machttaten». Sie sind keine göttlich verspielte Zauberei, sondern transzendentale Kraftmeierei.

Was Jesus verkündet, ist «die Herrschaft Gottes, gekommen in Kraft [ἐν δυνάμει]» (Markus 9; 1). Selbst religiöse Einsicht ist für ihn nicht etwa ein Problem der Offenheit, der Aufnahmefähigkeit oder gar der Intelligenz, sondern vielmehr eine Sache der «dynamis». «Wer die Kraft hat, es zu fassen, der fasse es!» (Matthäus 19; 12). Und wenn er nicht die Kraft verherrlicht, dann etwas noch viel Schlimmeres: «Dem Himmelreich wird Gewalt angetan, und die Gewalttätigen reißen es an sich» (Matthäus 11; 12).

Plötzlich wird klar, daß das Stilprinzip «euthys» bei Jesus mehr ist als nur der alte magische Kunsttrick des ambulanten religiösen Gewerbes. Dem andern keine Zeit zu lassen, ist auch die älteste Technik der Nötigung. Die Plötzlichkeit, die Hetzerei, die Ungeduld sind bei Jesus Ausdrucksmittel eines aggressiven Machtanspruchs, dem Bäume zwar nicht Genüge tun können, Menschen aber wohl: «Und während er am Meer von Galiläa vorüberging, sah er Simon und Andreas, Simons Bruder, wie sie ein Netz im Meer auswarfen, waren sie doch Fischer. Und Jesus sprach zu ihnen: ‹Auf, mir nach! Ich will euch zu Menschenfischern machen.› Und sofort [sogleich, stracks, augenblicklich] ließen sie die Netze liegen und folgten ihm» (Markus 1; 16–18).

Schon im folgenden Vers zerrüttet Jesus eine weitere Familie: «Und als er ein wenig weitergegangen war, sah er Jakobus, den Sohn des Zebedäus, und seinen Bruder Johannes, auch sie im Boot beim Netzeflicken. Und sofort [sogleich, stracks, augenblicklich] rief er sie. Und sie ließen ihren Vater Zebedäus im Boot mit den Knechten, weg gingen sie, hinter ihm her» (Markus 1; 19–20).

Und wie er einem Baum zumutet, die elementaren Gesetze der Jahreszeiten zu mißachten, um seiner Willkür Befriedigung zu verschaffen, so mutet er Menschen zu, um seinetwillen die elementaren Gesetze des Anstands und der Menschlichkeit zu verletzen: «Ein anderer aber von den Jüngern sagte zu ihm: ‹Herr, erlaube mir, daß ich vorher noch meinen Vater begraben gehe.› Da sagte Jesus zu ihm: ‹Folge mir nach und lasse die Toten ihre Toten begraben!›» (Matthäus 8; 21–22). Selbst deutsche Zeltmissionare, selbst amerikanische Fernseh-Evangelisten würden sich schämen, sich die Objekte ihres Bekehrungswillens mit solchen Anmaßungen gefügig zu machen.

Die Frage ist erlaubt, wie ein dreißigjähriger Mann, der auf antiken Wanderwegen seinen Mitmenschen so rücksichtslos zusetzte, heute Auto fahren würde. Zum Beispiel auf der Autobahn von Köln nach Bonn. Ich fahre da häufig. Und jedesmal komme ich mir vor wie im Evangelium. Links und rechts und vor und hinter mir lauter historische Jesusse. Die meisten auch wirklich etwa in jenem Alter. «Folge mir» ist alles, was sie ihrer Mitwelt zu sagen haben, und wehe jedem, der ihnen nicht sofort (sogleich, stracks, augenblicklich) Folge leistet.

Und wie im Verkehr, so im Beruf. Mit Sachzwängen hat das tägliche Gehetze am Arbeitsplatz nicht viel zu tun. Der Streß ist vielmehr die Summe zahlloser kleiner und großer Akte der Nötigung, bei denen einer dem andern seine Macht dadurch zeigen will, daß er ihm keine Zeit läßt.

Im Verkehr und im Beruf nehme ich das hin. Aber nicht in meinem Verhältnis zu Gott. Dies ist der einzige Bereich, wo ich von andern Menschen unter allen Umständen in Ruhe gelassen werden will.

Einmal, bei einer Reportage über das Geld der Katholischen Kirche, geriet ich in Rotterdam an einen holländischen Jesuiten. Er hatte in seiner Gemeinde ein System der freiwilligen Finanzierung eingeführt, das der deutschen oder der schweizerischen Kirchensteuer weit überlegen schien. Mit einer Gruppe von Helfern machte der Geistliche jeder Familie einmal im Monat einen Besuch und bat bei der Gelegenheit, von Haushalt zu Haushalt, um einen freiwilligen Beitrag.

«Es wirkt ungemein vorbildlich», war das erste, was er mir sagte. «Aber ich verwünsche den Tag, an dem ich dieses System eingeführt habe. Durch die ständige Sammelei kommt eine Unruhe in die Gemeinde, die viel größere Nachteile hat als die deutsche Kirchensteuer.» Ich war aufs äußerste überrascht. «Bei mir», sagte er, «hat es auch eine Weile gedauert, bis ich es gemerkt habe. Das erste und wichtigste in der Religion ist die Fähigkeit, andere Menschen in Ruhe zu lassen.»

Das ist keine Gleichgültigkeit und keine Unfähigkeit, am Schicksal anderer teilzunehmen, sondern das Gegenteil. «Wenn ich einen andern Menschen in Ruhe lasse», fuhr der holländische Jesuit fort, «erweise ich ihm einen kostbaren Dienst. Ich lasse ihn etwas spüren von der Ruhe, die ich selber in Gott gefunden habe.»

Das ist das Traurigste, was über Jesus Christus gesagt werden muß: Er kommt allen Menschen mit Gott; aber die Art, wie er es tut, ist wesenhaft gottlos.

JESUS VON NAZARETH C/O MARIA MAGDALENA

1. Wovon lebt ein Heiland
auf der Reise?

«...und viele andere Frauen,
die ihm Handreichung taten
von ihrer Habe»
Lukas 8; 3

Uwe heißt ein Freund aus unserem Kreis. Wir alle mögen Uwe sehr. In unseren Kreis ist er geraten, weil er uns
alle, einen nach dem andern, geheilt hat. Da er nämlich
zu jenen Menschen gehört, die gern andere Menschen
heilen, übt Uwe einen Heilberuf aus, besser gesagt: Er
hat eine Reihe von Heilberufen, einen nach dem andern, ausgeübt. Und in jedem hat er Pleite gemacht.

Doch obwohl er nichts als Schulden hat, führt Uwe
von uns allen das schönste Leben. Unentwegt ist er auf
Reisen. Kurz bevor es losgeht, ruft er mich jedesmal an.
«Du, ich bin in nächster Zeit auf so einer Fortbildung in
München», sagt er das eine Mal. «Du», sagt er das andere Mal, «ich habe überhaupt vor, künftig regelmäßig
den Wohnsitz zwei-, dreimal im Jahr zu wechseln zwischen Köln und New York.»

Und jedesmal, bevor es losgeht, ist er aufmerksam genug, mir seine nächste Adresse in der Fremde zu hinter-
lassen. Sie fängt immer an mit der weltläufigen Formel
«care of». «c/o Hannelore Soundso» hieß es das letzte

Mal in München, «c/o Patricia Something» heißt es derzeit in New York.

Lange habe ich mir die nächstliegende Frage verkniffen. Vor seinem Abflug nach New York habe ich sie ihm dann doch gestellt: «Sag mal, Uwe, wie schaffst du's, daß du überall so spielend leicht bei Frauen unterkommst?»

Wie die meisten Wunderheiler ermangelt Uwe jeglicher Selbstironie. «Weißt du», sagte er leise, «ich glaube, ich bin ein Mann vom gleichen Typ wie Jesus. Drei Frauen haben mir das schon gesagt. Den andern Frauen ist das vielleicht nicht bewußt, aber sie spüren es und öffnen sich mir ganz selbstverständlich.» Sprach's und lieh mir, selber nach New York entfliegend, als leichte Lektüre auf meiner bevorstehenden Rucksackwanderung von Nazareth nach Kapharnaum, «Jesus – der erste neue Mann» von Franz Alt.

Am Brunnen von Magdala habe ich Rast gemacht, da, wo Jesus, wie manche vermuten, selber auf dem Weg von Nazareth nach Kapharnaum seiner Magdalene zum ersten Mal ins Auge sah. Noch heute kommen zu diesem Brunnen, um Wasser zu schöpfen, mit ihren Eselchen die jungen Mädchen aus dem nahen Araberdorf. Sie sind sehr schön. Doch ihnen schenkte ich nicht einen Blick. Mich fesselte allein Jesus, der «erste neue Mann».

Und je länger ich las am Brunnen von Magdala, desto beklemmender stieg in mir ein böser Verdacht auf: Wie, wenn Franz Alt recht hätte? Nicht daß ich das geringste gäbe auf den breitgetretenen Seelenquark von «animus» und «anima», mit dem Franz Alt sich bei seiner leichtgläubigen Leserschaft schamlos anbiedert, über alle Verfallsdaten der psychoanalytischen Mode hinaus.

Aber es ist ja auch beim Rechnen so: Man kann durch falsche Überlegungen auch mal zum richtigen Ergebnis gelangen. Wie, wenn es in der Religion ähnlich wäre? Das ist die furchtbare Wahrheit: Franz Alt *hat* recht. Jesus war tatsächlich so einer. So einer wie Uwe. So einer wie Franz Alt. Jesus war der «erste neue Mann», und seine Adresse steht im Evangelium: Jesus von Nazareth c/o Maria Magdalena.

Nicht bei Markus steht das, sondern bei Lukas. Aber das macht es nur noch schlimmer. So ein ganz gewöhnlicher Boulevard-Redakteur wie Markus war Lukas nämlich nicht. Von Beruf Arzt, somit gebildet und weltoffen, ist er unter den Evangelisten der liberale Softie. Er ist jener «frauenfreundliche Lukas» [39], den wir heute so mögen, weil er der feministischen Theologie die schönsten Ansätze bietet. Und doch steht das Ungeheuerliche mittendrin bei Lukas:

«Und danach wanderte er von Stadt zu Stadt, von Dorf zu Dorf, predigte und verkündete das Evangelium vom Reich Gottes, und die Zwölf waren bei ihm sowie einige Frauen, die er von bösen Geistern und Krankheiten geheilt hatte: Maria, genannt Magdalena, aus der sieben böse Geister ausgefahren waren, Johanna, die Gattin des Chuza, eines Statthalters von Herodes, und Susanna und noch viele andere Frauen, *die mit ihrem Vermögen für ihn sorgten*» (Lukas 8; 3).

Care of Maria Magdalena? Es ist viel schlimmer. So schlimm wie bei Uwe ist es bei Jesus: care of Maria, care of Johanna, care of Susanna, care of noch vielen anderen Frauen, die mit ihrem Vermögen für ihn sorgten.

Dies ist wahrscheinlich die einzige Stelle im ganzen Evangelium, wo Doctor Martinus Luther sich beim Übersetzen schämte. Er, der sonst dem Volk so unge-

67

scheut aufs Maul schaute, der eher noch eins drauf-
setzte, hat sich an dieser Stelle vornehm geniert. Und
dann hat er, wider bessere Kenntnis des griechischen
Originals, die Wahrheit ausgeblendet, abgeschwächt
und abgewiegelt: «...die ihm Handreichung taten von
ihrer Habe». So will auch ich nicht dem Volk aufs Maul
schauen, sondern nur dem Bürgertum. Sachlich übersetzt muß es heißen: «...und viele andere Frauen, auf
deren Kosten er lebte» (Lukas 8; 3).

2. Jesus, ein Abgott für die Frauenbewegung?

«Weib, was habe ich mit dir zu schaffen?»
Johannes 2; 4

Ein zweiter Verdacht, viel böser noch, drängt sich auf: War Jesus nicht nur deshalb der «erste neue Mann», weil er von der «Handreichung» der Frauen lebte, sondern hat er sich diese Handreichung auch schon wie ein «neuer Mann» erschwindelt?

Es gibt zwischen den Geschlechtern keine ältere Form der Lüge als die Schmeichelei. Schmeichle ihm, schmeichle ihr, und alles geht so leicht. Steinalt ist das.

Doch es ist das Grundgesetz der Lüge, daß sie, je überholter sie ist, desto zeitgerechter daherkommen muß. Mein Freund, der Wunderheiler Uwe, kommt deshalb den Frauen auf die androgyne Tour. Er sei, so schwindelt er sich bei einer nach der andern ein, nicht so wie die andern Männer. Neinnein, ganz anders. Viel sanfter, viel verständnisvoller, viel offener. Soviel Weibliches, soviel «anima» trage er in sich selbst, daß er, er ganz allein, im Unterschied zu allen andern Männern, die Sehnsucht der Frau nach Selbstbefreiung nicht nur verstehe, sondern sogar mit Leib und Seele teile.

Hat Uwe diesen einfältigen Schwindel von Jesus? Er selbst behauptet, ja. Franz Alt jedenfalls, so beteuert er hoch und heilig, habe das nicht erfunden.

Das stimmt. Nichts, was er schreibt, hat Franz Alt erfunden. Er tritt nur heute eine These breit, die ebenfalls aus den theologisch wilden sechziger Jahren stammt. Um anzugehen gegen zweitausend Jahre Unterdrückung der Frau in der Kirche – aus einem durchaus löblichen Motiv also –, wurde damals die neue Reform-Schablone «Kirche schlecht, Jesus gut» auch in die Sexualmoral umgemünzt: «Paulus schlecht, Jesus gut.» An allem, was die Kirche zweitausend Jahre lang den Frauen Böses angetan habe, sei Jesus unschuldig. Der heilige Paulus ganz allein habe das alles verbrochen.

Stammt nicht in der Tat von Paulus das verhängnisvolle Gebot «Das Weib schweige in der Kirche» (1. Korinther 14; 34)? Hat Paulus nicht die Frau herabgewürdigt zum «Abglanz des Mannes» (1. Korinther 11; 7)? Hat Paulus sich nicht verstiegen zu der Behauptung, es sei «für den Mann gut, kein Weib zu berühren» (1. Korinther 7; 1)? «Scharf antijesuanisch», schreibt Karlheinz Deschner, habe Paulus, erst er, im Christentum «die Diffamierung der Sexualität» eingeführt, «die Zurücksetzung der Frau, die Geringschätzung der Ehe und die Askese»[40]. Wenn selbst ein Karlheinz Deschner so jesusgläubig wird, dann muß doch etwas dran sein. Oder nicht?

Jesus nämlich, fährt Karlheinz Deschner fort, war das schiere Gegenteil von Paulus: «Mit Frauen verkehrte Jesus in voller Freiheit.»[41] Alle frauenfeindlichen Äußerungen im Neuen Testament, schreibt auch Mary Daly, haben nur eines gemein: daß sie «niemals von Christus stammen»[42]. Mit einem Wort, wo immer seit zweitausend Jahren die christliche Frau im Geiste Pauli unterdrückt wird, da wird «der Frauenfreund Jesus» «neu gekreuzigt» (Franz Alt)[43]. Nichts weniger.

«Paulus schlecht, Jesus gut.» Was Franz Alt nur im glatten Holperdeutsch seiner Fernsehprosa feilbietet, das hat ein Ernst Eggimann zu geistlicher Lyrik gesteigert. In seinen «Jesustexten» besingt er Jesus als großen Befreier des weiblichen Geschlechts, wie er in den Armen von Maria Magdalena liegt:

> «Ich stelle mir vor
> diese Nacht
> außerhalb der Geschichte,
> die alle Moral überwand.»[44]

Es ist jetzt Zeit, in die Geschichte zurückzukehren und auf den Boden der Moral: Nein, ganz so schlecht wie seine neuesten Jünger war Jesus nicht. Er war nicht wie Franz Alt und schon gar nicht wie Ernst Eggimann. Wohl hat er sich von den Frauen aushalten lassen. Aber er hat sie wenigstens nicht behumpst mit Emanzipations-Schmeichelei. Das Gegenteil ist wahr.

Im gesamten Evangelium Jesu Christi gibt es kein einziges Gleichnis der Mutterliebe. Gott als Mutter kommt bei Jesus auch nicht andeutungsweise vor. «Gott ist unser Vater, ja mehr noch, er ist unsere Mutter»: Über diesen zufällig hingeworfenen Satz von Papst Johannes Paul I.[45] hat 1978 die römische Glaubenskongregation kopfgestanden. Zu Recht. Wie gut dieser Satz in unseren Ohren auch klingen mag, er bricht mit der Lehre und dem Geist Jesu Christi.

Der Gott Jesu heißt, ohne Unterlaß wiederholt, «Abba», was Franz Alt, wie wir bereits gesehen haben,

71

ungewollt richtig mit «Papi» übersetzt. Diesem himmlischen Papi entspricht auf Erden der «Menschensohn», der – «recumbens cum fratribus» – alles tut für
seine «Brüder». Es gibt in der Rede Jesu keine «Menschentochter», keine «Menschenschwester». Durch
alle vier Evangelien redet Jesus wie Papst Paul VI., der
ja sogar gemischte Gesellschaften stur mit «Messieurs»[46] anzusprechen pflegte.

Zugegeben, Jesus war nicht ganz so verbiestert wie
der heilige Paulus. Aber dieses Lob wiegt nicht viel.
Es ist ganzganz leicht, nicht so verbiestert zu sein wie
Paulus. Was Jesus über Frau und Mann sagt, ist durchaus nicht konsequent frauenfeindlich, sondern eher geprägt von situationsabhängiger Zufälligkeit und Widersprüchlichkeit.

Das eine Mal, in einem Streitgespräch, kommt Jesus,
ganz spießbürgerlich, als erste von allen Sünden «Ehebruch» in den Sinn (Markus 7; 21). Das andere Mal dagegen spricht er selber mit dem Weib am Brunnen so
ungeniert, daß seine Jünger «sich wunderten» (Johannes 4; 27). Das eine Mal nimmt er eine Sünderin in
Schutz: «Ihr sind viele Sünden vergeben, denn sie hat
viel geliebt» (Lukas 7; 47). Das andere Mal dagegen ruft
er pathetisch dazu auf, sich eher alle möglichen Glieder
abzuhauen, als der Versuchung zu erliegen: «Und wenn
dein Fuß dich ärgert, haue ihn ab!» (Markus 9; 49).
Nanu. Was kann denn Sünde sein an einem so harmlosen Glied wie dem Fuß? Selbst wer das Evangelium
nicht ganz so psychoanalytisch interpretiert wie Eugen
Drewermann, kann sich der Frage schwer entziehen, ob
hier in Wirklichkeit nicht ein ganz anderes Glied gemeint sei. Ebenjenes Glied, das sich der Kirchenvater
Origenes dann tatsächlich abgehauen hat.

Das eine Mal überwindet der Jude Jesus sein nationales Vorurteil und heilt die Tochter einer ausländischen Frau; aber erst, nachdem er ihr folgendes um die Ohren geschlagen hat: «Es ist nicht fein, daß man den Kindern ihr Brot nehme und werfe es vor die Hunde» (Matthäus 15; 26). Doch siehe, ein anderes Mal ist es keine ausländische Frau, sondern ein ausländischer Mann, der die gleiche Bitte an ihn richtet. Ein römischer Hauptmann möchte, daß Jesus seinen Knecht heilt. Da ist von Hunden nicht die Rede. Vor dem ausländischen Herrn ist Jesus ganz eilfertige Dienstbereitschaft: «Jesus sprach zu ihm: ‹Ich will kommen und ihn heilen›» (Matthäus 8; 7).

Mal so, mal so: die Einstellung Jesu zu den Frauen ist von jener Widersprüchlichkeit, wie man sie oft bei Männern findet, die nichts gegen Frauen haben, weil ihnen das, was Frauen bewegt, fremd ist und letzten Endes gleichgültig.

Bis auf eine einzige Stelle im Evangelium. Da läßt Jesus seiner persönlichen sexuellen Phantasie freien Lauf. Im Gleichnis von den klugen und den törichten Jungfrauen stellt er sich selber, den Menschensohn (Matthäus 25; 13), dar als den herrlichen Bräutigam, bei dem sich zehn Bräute gleichzeitig zur Hochzeitsnacht drängen.

«Das Himmelreich», phantasiert Jesus, «wird sein wie zehn Jungfrauen, die ihre Lampen nahmen und hinauszogen, dem Bräutigam entgegen.» Fünf Jungfrauen nehmen Öl für ihre Lämpchen mit, fünf vergessen es, alle zehn schlafen beim Warten ein, denn der Bräutigam allein bestimmt selbstherrlich die Stunde, da er sich herabläßt, seine Bräute heimzusuchen. «Um Mitternacht aber erhob sich ein Geschrei: ‹Siehe, der

Bräutigam kommt, gehet aus, ihm entgegen!»» Ein se-
xuelles Debakel für die fünf törichten Bräute, die erst Öl
für ihre Lampen holen müssen. «Da kam der Bräutigam, und die bereit waren, gingen mit ihm hinein zur
Hochzeit, und die Tür wurde geschlossen.» Verzweifelt
trommeln die fünf andern Bräute draußen gegen die
Tür des Hochzeitsgemachs: «Herr, Herr, mache uns
auf!» Doch der himmlische Hochzeiter ruft hochmütig
durch die Tür: «Ich kenne euch nicht» (Matthäus 25;
1–12).

Nein, so verdreht wie Franz Alt, so verlogen wie Ernst
Eggimann war Jesus von Nazareth nicht. Er hat den
Frauen ins Gesicht gepredigt, was für einer er war: nicht
der erste neue Mann, sondern ein gewöhnlicher Mann
seiner Zeit, eingebildet und selbstherrlich.

3. Wie schön war Jesus von Nazareth?

«Er hatte weder Gestalt noch Schönheit.»
Jesaja 53; 2

Es bleibt die Frage, warum Jesus von Nazareth bei den Frauen so spielend leicht fand, was er suchte. Nicht nur bei den zehn Bräuten seiner Phantasie, sondern höchst real, bei Maria, bei Johanna, bei Susanna und bei «vielen andern Frauen» (Lukas 8; 3). War Jesus vielleicht einfach ein ungewöhnlich schöner Mann?

Schon im 2. Jahrhundert hat der Kirchenvater Clemens von Alexandrien das behauptet. Allerdings, wie er selber zugibt, ausschließlich auf Grund einer dogmatischen Deduktion. Göttliche Vollkommenheit, so Clemens, schließe die Schönheit des Leibes mit begrifflicher Notwendigkeit ein.[47] Auf daß, wie es die Katholische Kirche im Präfationsgesang der Weihnachtsmesse ausdrückt, die unsichtbare Herrlichkeit Gottes für uns in der Erscheinung Jesu «visibiliter»[48] – das heißt auf deutsch «optisch» – erkennbar werde. Oder, wie es Johannes im dogmatischen Vorspruch zu seinem Evangelium proklamiert: In Jesus ist «die Herrlichkeit» Gottes des Vaters «Fleisch geworden» (Johannes 1; 14).

75

«Fleisch geworden»? «Optisch erkennbar»? Fast unbegreiflich scheint es da, daß trotzdem in keinem der vier Evangelien auch nur ein Wort, ja nur eine Andeutung zu finden ist, wie dieser optisch erkennbare Gottmensch denn nun wirklich ausgesehen hat. Dabei sind die Evangelien doch im doppelten Sinne wie Bildzeitungsberichte. Sie sind alle vier ausschließlich geschrieben, um Jesus vor seinen Fans zu verherrlichen. Und sie haben alle vier die Anschaulichkeit eines Bilderbuchs. Es fehlt da auch nicht an optisch eindrücklichen Personenbeschreibungen. Gleich im 6. Vers des ersten Kapitels bei Markus steht zum Beispiel Johannes der Täufer trefflich erkennbar vor uns. Als wär's ein Holzschnitt, so gegenständlich schildert Markus in wenigen Worten den hageren Asketen: «Johannes aber war bekleidet mit Kamelhaaren und mit einem ledernen Gürtel um seine Hüften, und er aß Heuschrecken und wilden Honig» (Markus 1; 6)

Nur drei Verse später tritt Jesus auf. Aber nicht ein Wort über das Aussehen dieses Menschen, in dem uns die Herrlichkeit des Ewigen und Allmächtigen «optisch», «im Fleische» erschienen ist. Und so nicht nur bei Markus. Alle vier Evangelien verhängen über die irdische Erscheinung der zweiten Person Gottes ein totales Blackout. Warum?

Es ist der Psychiatriehistoriker Wilhelm Lange-Eichbaum gewesen, der diese Frage in seiner klassischen Studie über «Genie, Irrsinn und Ruhm» im Falle Jesu Christi als erster gestellt hat. Seine Erklärung ist nicht zwingend, aber sie ist triftig und auf jeden Fall ungleich plausibler als alles, was andere seither über die körperliche Gestalt Jesu Schönes geschrieben haben. Alle vier Evangelisten waren, davon geht auch Lange-Eichbaum aus, nur darauf bedacht, möglichst alles zu berichten, was zur Verherrlichung Jesu beitragen konnte: «Schönheit», schließt er daraus, «wäre sicherlich überliefert worden; das Verschweigen spricht eher für Unscheinbarkeit.»[49]

Ein zweiter triftiger Hinweis findet sich bei Kelsos (lat. Celsus), einem griechischen Philosophen des 2. Jahrhunderts nach Christus. In seinen schriftlich hinterlassenen Auseinandersetzungen mit Origenes geht Celsus noch wie von einer allgemein bekannten Selbstverständlichkeit davon aus, daß Jesus an Gestalt «unedel, häßlich und klein»[50] war.

Auf der Stelle denkt man an Jean-Paul Sartre, der ja auch an Gestalt «unedel, häßlich und klein» war, zu gleicher Zeit jedoch so besessen vom Drang zum «zweiten Geschlecht», daß er, so behaupten seine besten Kenner, ein enormes Maß an Geist nur versprühte, um trotz seines optischen Handicaps den Frauen zu imponieren. Wenn aber in unserem Jahrhundert eine ganz enorme Philosophie aus diesem leicht verständlichen Motiv entstehen konnte, warum dann nicht, vor zwei Jahrtausenden, eine ganz enorme Religion?

4. Was für Frauen
gewährten Jesus ihre Gunst?

«Da kam eine Frau mit einem
Alabastergefäß voll pistischer Narde,
einem sehr kostbaren Salböl.»
Markus 14; 3

Einen französischen Mediziner, der mit Jean-Paul
Sartre befreundet war, habe ich einmal gefragt, was für
ein Mann der französische Philosoph war. «Ach», antwortete er leichthin, «da genügt es zu wissen, was für
eine Frau Simone de Beauvoir war.»

Was für eine Frau war Maria von Magdala?

Dies in Erfahrung bringen zu wollen, scheint auf den
ersten Blick ins Evangelium hoffnungslos. Durch alle
vier Berichte herrscht in der Frauenschar um Jesus eine
derart heillose Konfusion, daß es verwegen scheint, die
individuelle Gestalt jener Jüngerin, die Jesus am nächsten stand, auch nur in wenigen Strichen zeichnen zu
wollen.

Liegt das nur an einem ärgerlichen Zufall? Zufällig
nämlich heißen fast alle Frauen um Jesus Maria. Das
aber hat mit Jesus und mit der Frömmigkeit nicht das
geringste zu tun. Die erste Frau des Herodes hatte Maria geheißen, und nach ihr war eine ganze Generation
von jüdischen Frauen mit diesem höchst weltlichen

Modenamen benannt worden.[51] So gab es auch um Jesus außer seiner Mutter so viele andere Marien, daß schon die Evangelisten selber in zwei Schlüsselszenen ihres Berichts, nämlich bei der Salbung Jesu und bei seiner Hinrichtung, die Marien hoffnungslos durcheinanderbringen.

Und doch liegt es nie am Zufall, wenn etwas dem Zufall überlassen bleibt. Als Männer ihrer Zeit interessierten sich die Evangelisten für die Individualität von Frauen genauso wenig wie Jesus selber in seiner Phantasie von den zehn Bräuten in der Hochzeitsnacht mit nur einem Bräutigam. Bei der wunderbaren Brotvermehrung, zum Beispiel, berichtet Markus, hätten «fünftausend Männer» (Markus 6; 44) mitgegessen; Matthäus will korrekter sein und wird dadurch nur schlimmer: «Männer ungefähr fünftausend, abgesehen von Weibern und Kindern» (Matthäus 14; 21).

Hat Maria von Bethanien Jesus gesalbt, oder war das Maria von Magdala oder gar eine weiter gar nicht bekannte dritte Maria, die «große Sünderin»? Hat unterm Kreuz, nebst allen andern Marien, sogar noch, wie Johannes (19; 25) höchst verwunderlich berichtet, eine «Tante Maria» gestanden (als ob die Eltern der Mutter Jesu gleich zwei Mädchen nacheinander diesen Namen gegeben hätten)? Den Evangelisten kommt's nicht mehr drauf an als ihrem Heiland. Halt so Marien werden's schon alle gewesen sein.

Das aber war Maria Magdalena mit Sicherheit nicht. Alle vier Evangelisten nennen sie stets als erste in der Frauenschar um Jesus. Erst die Phantasie der Kirchenväter (den Kirchenvater Martin Luther eingeschlossen) hat sie zusammengeworfen mit der unbekannten Ehebrecherin bei Lukas (7; 47): «Ihr sind viele Sünden verziehen, denn sie hat viel geliebt.» Aber das sagt etwas über die Phantasie der Kirchenväter aus, nicht über Maria Magdalena. Die Tatsache, daß sie über ihr Vermögen frei verfügen konnte, um Jesus zu finanzieren, läßt darauf schließen, daß sie Witwe war, wahrscheinlich die Witwe eines Großgrundbesitzers. Jedenfalls gehörte sie, um mit Jesus zu sprechen, zu jenen, denen gegeben wird, weil sie haben, «damit sie die Fülle haben» (Matthäus 13; 12). So schön die Mädchen am Brunnen von Magdala heute noch sind, Wasser hat die Gönnerin Jesu dort bestimmt nicht selbst geschöpft.

Wo Geld ist, da ist Unabhängigkeit, Eigenwilligkeit und Persönlichkeit. Markus und Johannes, deren Berichte sonst so auseinanderfallen, schildern in verblüffender Übereinstimmung die Schlüsselrolle, die Maria Magdalena nach dem Tod Jesu bei der dogmatischen Meinungsbildung in der ersten Gemeinde gespielt hat. Immerhin hat *sie* die Auferstehung erfunden (Markus 16; 10; Johannes 20; 18). Augustinus nennt sie «apostola apostolorum», und bis ins Mittelalter hinein wurde sie auf vielen Bildern dargestellt, wie sie den ersten Christen predigt.

Es fällt schwer, nicht an Theresia von Avila zu denken. Wie Maria Magdalena (vgl. Lukas 8; 3) war die große Spanierin zuerst nervenkrank, später wurde sie zur eigenwilligsten, kraftvollsten Frau ihrer Zeit. Wie Maria Magdalena war Theresia von Avila eine erfahrene Geschäftsfrau. Wie Maria Magdalena neigte Theresia von Avila zum Predigen. Und wie Theresia von Avila deshalb die spanische Inquisition dauernd im Nacken hatte, so ist wohl Maria Magdalena aus ähnlichen Gründen ein paar Jahre nach Jesu Tod der paulinischen Säuberung zum Opfer gefallen.

Und wie Maria von Magdala erst in der Phantasie der Kirchenväter aus einer reichen und selbständigen Frau zur «magna peccatrix», zur großen Sünderin verkommen ist, so auch Martha von Bethanien zum «dienstbaren Geist». Die Rolle der selbständigen Gastgeberin, die Lukas ihr im 10. Kapitel zuweist, hätte sie gar nicht spielen können, wäre sie nicht, wie Maria von Magdala, Herrin über ihre Finanzen gewesen. Wahrscheinlich war auch sie eine vermögende Grundbesitzerin. Gar nicht zu sprechen von Johanna, der Frau des Chuza. Diese Jüngerin, die Jesus bis unters Kreuz gefolgt ist, war die Gemahlin des Finanzministers von Herodes![52]

Wer hätte das gedacht: Wir sind keineswegs unter die gefallenen Mädchen geraten, sondern – wenn dies denn vorzuziehen ist – unter die Damen der feinen Gesellschaft, so fein, daß die Beziehungen vermutlich bis in den Ladys Club der Besatzungsmacht hineinreichten, ja bis hinauf zu der zartbesaiteten First Lady Procula: «Während Pilatus auf dem Richterstuhl saß», berichtet Matthäus, «ließ ihm seine Gattin ausrichten: Habe du nichts zu schaffen mit diesem Gerechten; ich habe heute viel gelitten im Traum um seinetwillen» (Matthäus 27; 19).

Jesus in keiner schlechten Gesellschaft. Wie hat er sich nur unter all den Ladies bewegt?

Gewiß, daß Jesus ein armer bedrückter Prolet gewesen sei, ist eine politisch opportune Kanzellegende des 20. Jahrhunderts. Joseph war Zimmermann, sein Sohn wohl auch. Unter den Handwerkern im antiken Palästina hatten die Zimmerleute eine ähnlich herausragende Position wie etwa im deutschen 19. Jahrhundert unter den Arbeitern die Drucker.[53] Die Zimmerleute waren die Wortführer im Volk. In moderne Begriffe umgesetzt ist es kaum falsch, Jesus dem aufstiegswilligen unteren Mittelstand zuzurechnen. Ganz von unten also kam er nicht.

Und doch. Wenn es für Jean-Paul Sartre, den Sproß der etablierten Bourgeoisie, zu existentiellen Erfüllung werden konnte, vor den Pariser Damen mit Tiefsinn zu brillieren, wieviel größer muß das Triumpherlebnis für den kleinen Zimmermann aus Nazareth gewesen sein, als mit einem Mal einige der reichen und gebildeten Frauen seines Landes verlangend und ergeben zu seinen Füßen saßen. Wie sie an seinen Lippen hingen, wenn er den Mund göttlich vollnahm! Und wie er sich dann der interessantesten von allen, Maria Magdalena, zuwandte, fragte: «Glaubst du das?» (Johannes 11; 26), und sie hauchte: «Ja, Herr, ich glaube» (Johannes 11; 27)!

Freilich, was für den Heiland selbst ein tägliches Superstar-Erlebnis war, das muß für Petrus und die Jünger ein täglicher Albtraum gewesen sein. Sie waren ja nicht einmal Zimmerleute, bei weitem nicht, nur Bauern und Fischer vom See Genezareth. Als «ungelehrte und ungebildete Leute» wurden sie eingeschätzt, berichtet Lukas, der gebildete griechische Arzt in der Apostelgeschichte (4; 13).

Und der eloquente Zimmermann ließ keine Gelegenheit aus, sie das Schichtgefälle spüren zu lassen. Wie müssen sich die Jünger vorgekommen sein, wenn er sie vor den Jüngerinnen so anfuhr wie nach dem Brotwunder am See Genezareth: «Noch immer begreift und versteht ihr nicht?» (Markus 8; 17). Wie er dann, wohl mit einem Lächeln zu den alles verstehenden Jüngerinnen, den Jüngern noch eins auswischt: «Augen habt ihr und seht nicht, Ohren habt ihr und hört nicht!» (Markus 8;

18). Hilft alles nichts, sie sind zu dumm, die Bauern und die Fischer. Meint jedenfalls der Zimmermann aus Nazareth und setzt wahrhaftig noch einmal eins drauf: «Noch immer versteht ihr nicht?» (Markus 8; 21).

So hat er Petrus und die andern Jünger behandelt. So haben sie sich behandeln lassen, die Bauern und die Fischer vom See Genezareth. Bis ganz zum Schluß, bei der Salbung Jesu in Bethanien, der Frust so vieler Herabsetzungen vor den Frauen aus ihnen herausbricht: «Und er war in Bethanien, im Hause Simons des Aussätzigen, und er lag bei Tisch. Da kam eine Frau mit einem Alabastergefäß voll pistischer Narde, einem sehr kostbaren Salböl, und goß die Narde ihm über das Haupt» (Markus 14; 3). Die Reaktion der Männer schildert Matthäus: «Das aber sahen die Jünger, ärgerten sich und sagten: ‹Wozu diese Vergeudung?›» (Matthäus 26; 8).

Nach Johannes (12; 4) ist es der Kassierer Judas, der den männlichen Protest anführt. «Dreihundert Denare» (Markus 14; 5) sei die verschwendete Salbe wert gewesen, hätte man sie zugunsten der Armen verkauft. Dreihundert Denare waren damals etwa der Jahreslohn eines Arbeiters in Palästina.[54] Die Jünger waren selbst Arbeiter genug, um das zu wissen. Und um sich zu schämen. Die Gattin des Chuza schämte sich nicht. Auch nicht Maria Magdalena. Und nicht die andern Frauen, «die ihm Handreichung taten von ihrer Habe» (Lukas 8; 3). In ihren Kreisen kam es auf dreihundert Denare nicht an.

Klassenkampf in Bethanien. Zwischen Mann und Frau, zwischen Arm und Reich. Er hat nicht lang gedauert. Auf der Stelle nämlich hat Jesus Partei ergriffen. Und man könnte fast meinen, mit den «Armen» meine er die Jünger selbst, wenn er, betörend nach Narde duftend, den Jüngerinnen lächelnd recht gibt: «Die Armen habt ihr allezeit bei euch; mich aber habt ihr nicht allezeit» (Matthäus 26; 11).

Ist die Sache mit dem Geld schon aufschlußreich genug, so ist doch ungleich spannender, was die Jüngerinnen da mit Jesus überhaupt tun. Sie salben ihn. Von allen Ritualen der Juden war keines so bedeutungsschwanger wie die Salbung. Propheten und Patriarchen, Könige wie David waren die «Gesalbten des Herrn». In der eschatologischen Hochspannung zur Zeit Jesu war dies der Würdename des erwarteten Messias. «Christós» heißt auf griechisch «der Gesalbte». Ohne das Einverständnis der Jünger, ja ohne diesen Trotteln – «homines sine litteris et idiotae» (Apostelgeschichte 4; 13) – vorher überhaupt etwas zu sagen, machen die Jüngerinnen den historischen Jesus zum historischen Christus.

Jahre erst nach Jesu Tod ist ein Jünger gekommen, der Manns genug war, es mit diesen Frauen aufzunehmen. Paulus von Tharsus. Aber hätte ein Jesus von Nazareth zu Lebzeiten einen Paulus von Tharsus neben sich geduldet?

Das ist ja das Traurige an Petrus und seiner Truppe, daß sie nicht nur von Jesus als Flaschen behandelt wurden, sondern daß sie tatsächlich Flaschen waren. Männer, denen es nicht nur – verständlicherweise – an Bildung und an Wortgewandtheit gebrach, sondern auch – viel weniger verständlich – an den ganz anders gearteten männlichen Tugenden ihrer eigenen Schicht. Schwächlinge waren die Apostel, Feiglinge.

«Sie waren aber unterwegs und zogen hinauf nach Jerusalem, und Jesus ging voran; sie waren voll Schrekken, und die folgten, fürchteten sich» (Markus 10; 32). Größer als ihre Heidenangst ist nur ihr himmelstürmender Ehrgeiz. Just in diesem Augenblick nämlich drängen sich Jakobus und Johannes zum Messias und bitten ihn, ihnen nach der Machtergreifung in Jerusalem die Ehrenplätze neben seinem Thron zu versprechen. Jesus straft sie mit Verachtung: «Habt ihr die Kraft, den Kelch zu trinken, den ich trinke?» (Markus 10; 38).

Die Apostelschar – eine schwache Truppe. Je länger, je schwächer. In der Stunde der Männlichkeit, der Tapferkeit, der Treue und Bewährung steht bei Jesus unterm Kreuz die Frauenschar um Maria allein.

5. Maria war tatsächlich so

«Siehe, von nun an werden mich selig
preisen alle Geschlechter.»
Lukas 1 ; 48

Bis hierher liegt der Vergleich mit modernen Messias-
sen nahe. Auch Sri Muktananda in Ganeshpuri, auch
Rajneesh Bhagwan in Poona und in Oregon hat es viel
Unheil gebracht, daß sie an starken Frauen so viel Gefallen fanden und sich dafür ausnahmslos mit schwachen Männern umgaben. Jede männliche Konkurrenz
auszuschalten ist für einen so selbstbesessenen Typ wie
den religiösen Erwecker eine unwiderstehliche Versuchung.

Der Vergleich mag soweit stimmen. Und doch gerät
dabei – um auch mal schön zu reden – das unterscheidend Jesuanische aus dem Blick. Umgeben zu sein von
starken Frauen und von schwachen Männern, ist eine
Lebenssituation, die Jesus nicht gewählt hat. Ihm war
sie als Schicksal beschieden. Von Anfang an.

«Wunderschön prächtige,
Große und mächtige,
Liebreich und holdselige
Himmlische Frau!»[55]

So preisen wir dich, Maria. So haben dich «alle Geschlechter» (Lukas 1; 48) gepriesen. So werden wir dich immerdar preisen. Denn du warst so in Wirklichkeit: souverän, gebieterisch, allmächtig.

Wer's nicht glaubt, und sei er Protestant, verrät nur, daß er die Bibel nicht gelesen hat. Jedenfalls nicht die beiden ersten Kapitel des Lukas-Evangeliums. Gewiß hat der Grieche Lukas in das Porträt der Gottesmutter seine hellenistische Phantasie einfließen lassen, zum Beispiel mit der Fabel vom Engel Gabriel. Aber offenkundig hat er sich doch auch Mühe gegeben, alle möglichen Leute, die Maria persönlich gekannt hatten, über sie zu befragen. Die wiederholte Formel «Und seine Mutter behielt alle diese Worte in ihrem Herzen» (Lukas 2; 51, vgl. Lukas 2; 19) erinnert frappant an die Floskeln, mit denen Journalisten heute auf die Seriosität ihrer Recherchen verweisen.

Man lese also unbedenklich hinweg über die hellenistischen Phantasmen. Was dann bleibt, ist, in zwei geballten Kapiteln, geradezu der Archetyp der dominanten Mutter aus der obersten Unterschicht. «Die lukanische Maria», schreibt der Religionssoziologe Anton Mayer, «singt das Urlied aller aufstrebenden Mütter.»[56]

Sie singt das Magnifikat. Doch dies ist nur der erste von zwei Lobgesängen, die Lukas nacheinander wiedergibt: zuerst, aus dem Mund Marias, das «Magnifikat» auf die Geburt Jesu (Lukas 1; 46—55), dann aus dem Mund des Priesters Zacharias, das «Benedictus» auf die Geburt Johannes des Täufers (Lukas 1; 68—78). Wahrscheinlich waren beide Gebete schon zur Zeit des Lukas von der Gemeinde liturgisch gleichermaßen stark stilisiert. Um so mehr fällt auf, daß sie, nach aller Stilisierung, im persönlichen Ton noch immer verschieden sind. Nicht nur ein bißchen verschieden, sondern radikal. Es lohnt sich, diese beiden klassischen Gebete so aufmerksam miteinander zu vergleichen, als läse man sie zum allerersten Mal:

Das Gebet der Mutter Maria	*Das Gebet des Vaters Zacharias*
Hoch preiset meine Seele den Herrn	Gepriesen sei der Herr, der Gott Israels,
Und mein Geist jubelt in Gott, meinem Retter.	Denn er hat sein Volk heimgesucht und erlöst.
Denn er hat angesehen die Niedrigkeit seiner Magd.	Ein Horn des Heils hat er uns aufgerichtet
Siehe, von nun an werden mich selig preisen	Im Hause seines Knechtes David.
Alle Geschlechter.	Wie er gesprochen hat durch den Mund der Heiligen,
Denn Großes hat an mir gewirkt der Mächtige.	Seiner Propheten aus frühester Zeit.
Heilig ist sein Name,	Daß er uns rette vor unseren Feinden,
Und sein Erbarmen	Und aus der Hand aller, die
Währt von Geschlecht zu Geschlecht	uns hassen.
Für jene, die ihn fürchten.	Barmherzigkeit zu zeigen an unseren Vätern,
Er übt Gewalt mit seinem Arm,	Eingedenk seines heiligen Bundes,
Zerstreut, die stolz sind in ihrem Herzen.	Des Schwures,
Die Mächtigen stürzt er vom Stuhl	Den er unserem Vater Abraham geschworen,
Und setzt darauf die Niedrigen.	Uns zu geben,
Die Hungernden füllt er mit Gütern	Daß wir, entrissen aus den Händen unserer Feinde,
Und die Reichen läßt er leer ausgehen.	Ohne Furcht ihm dienten,
Er nimmt sich Israels an, seines Knechts,	In Heiligkeit und Gerechtigkeit vor ihm
Eingedenk seines Erbarmens. Wie er geredet hat zu unseren Vätern	All unsere Tage.
	Und du, Kindlein,
	Wirst ein Prophet des Höchsten heißen.
	Du wirst einhergehen Vor dem Angesicht des Herrn,
	Zu richten seine Wege,

Zu Abraham und seinem
Samen
In Ewigkeit.
(Lukas 1; 46–54)

Erkenntnis des Heils seinem
Volk zu geben
In der Vergebung der Sünden,
Durch das herzliche Erbarmen
unseres Gottes,
Mit dem er uns heimgesucht hat,
Aufgehend aus der Höhe,
Um denen zu erscheinen,
Die in Finsternis und
Todesschatten sitzen,
Zu lenken unsere Füße
Auf den Wegen des Friedens.
(Lukas 1; 68–79)

Anton Mayers kurzer, unübertrefflicher Kommentar: «Während Zacharias schon im ersten Vers an sein Volk denkt, tut Maria es im letzten. Selbstbewußt beginnt sie mit ‹meine Seele›, in der Sprache von heute mit ‹Ich›. ‹Volk› sagt nur er; sie, ihres priesterlichen Ursprungs bewußt, mehrmals ‹Geschlecht›. Er lobt das Kind; die Mutter, von der man dies erwartet, sich selbst ‹bis ans Ende der Zeiten›. Er sehnt sich nach der Freiheit seines Volkes, in das er sich zehnmal mit ‹wir› einschließt; sie erhofft, immer wieder ihr elitäres Ich betonend, den Aufstieg ihres Geschlechts.»[57]

Trotzdem hat Mayer nicht ganz recht, wenn er das Magnifikat das «Urlied aller aufstrebenden Mütter» nennt. Mütter können auf die verschiedenste Weise aufstreben. Das Magnifikat ist das Urlied aller Mütter, die nach oben streben *mittels eines religiösen Sohns*.

In vielen modernen Familien strebt der Mann durch seine Berufsarbeit nach oben, die Frau dagegen durch intensives Engagement für den Schulerfolg ihrer Kinder. Hat es der Sohn zum Schluß geschafft, Arzt zu werden, so ist sie selber etwas Besseres geworden. Was aber heute die Schule ist, das war, mutatis mutandis, zu Marias Zeiten die Religion.

Besonders in dem Milieu, dem die Heilige Familie von Nazareth angehörte. Aus den Untersuchungen des jüdischen Jesusforschers Schalom Ben-Chorin über die Herkunft Marias ergibt sich das Bild einer abgesunkenen Familie von «verarmten Landadeligen, die in ihrer Umgebung Ansprüche einer höheren Geistigkeit pflegen, welche sonst am Ort wenig zu Hause ist»[58].

Zum gleichen Ergebnis führen die jüngeren Forschungen des jüdischen Theologen Pinchas Lapide. Er hat nachgewiesen, daß Maria und Joseph einem jüdischen Milieu angehörten, das religiös konservativ war und politisch aufsässig, also, mit allem Vorbehalt in moderne Begriffe umgesetzt, fundamentalistisch. So tragen zum Beispiel die fünf Söhne der Familie ohne Ausnahme Namen, die im nationalreligiösen Erweckungsmilieu im Schwange waren: Jesus, Jakob, Joseph, Simon, Judas (vgl. Matthäus 13; 55).[59] Obwohl Pinchas Lapide das nicht gern hört, drängt sich doch der Vergleich mit dem heutigen fundamentalistischen Islam und mit der Intifada auf.

Als Maria ihren ersten Sohn empfing, war dieses integristische jüdische Milieu vom Fieber der eschatologischen Naherwartung so geschüttelt, daß wohl jede schwangere junge Frau davon phantasierte, was sie unterm Herzen trage, sei Israels Messias. Was Abertausende von Frauen allesamt träumten, hat die Mutter Jesu nur besonders ekstatisch und beharrlich zu Ende geträumt. Auch nach der Geburt ihres vergötterten Knaben. Die religiöse Gschaftlhuberei Marias, von der die Evangelisten berichten, ihr ständiges Wallfahrten,

Beten und Synagogenlaufen, ebendies war im damaligen religiös geprägten jüdischen Milieu Palästinas das beste Mittel für eine ehrgeizige, aufstrebende Mutter, sich samt ihrem vergötterten Knaben zu profilieren. Solche von sich und ihrem Sohn eingenommenen Mammamias gab es dennoch in so erdrückender Zahl, daß es Maria von Nazareth niemals gelungen wäre, ins kollektive Gedächtnis der Menschheit als Urbild der dominanten Mutter einzugehen, hätte nicht ihr Mann virtuos die Rolle der unfreiwilligen Kontrastperson übernommen. So groß wie die Verehrung «aller Geschlechter» für Maria, so groß ist das Gelächter aller Völker über den heiligen Joseph. Unter sämtlichen Vaterfiguren der Kulturgeschichte ist er die schwächste. So schwach, daß ihm kein Mensch seine Vaterschaft glaubt.

Wie sollten wir auch daran glauben, daß er der Vater Jesu war, wo er doch selbst nicht dran zu glauben wagte. «Als Maria, seine Mutter», schreibt Matthäus, «mit Joseph verlobt war, fand es sich, daß sie schwanger wurde, noch ehe sie zusammengekommen waren» (Matthäus 1; 18). Joseph, so erfahren wir weiter, war die Entdeckung peinlich, er wollte aber, bescheiden wie er war, kein großes Theater machen, sondern «sie heimlich verlassen» (Matthäus 1; 19). Plötzlich jedoch ändert sich sein Sinn.

Warum? Ist er der Sache prüfend nachgegangen? Nein, der Gute hat geträumt: «Als er dies erwog, siehe, da erschien ihm im Traum ein Engel des Herrn» (Matthäus 1; 20). Im Traum! «Das Wenige, was wir von Joseph wissen», spottet der Jude Schalom Ben-Chorin, «besteht vor allem in seinem außerordentlich regen Traumleben. Alle entscheidenden Impulse empfängt er durch Träume.»[60]

Kein Wunder, daß dieser Träumer die Erziehung des frommen Wunderknaben ganz der Mutter überläßt. Auf einer der vielen Wallfahrten nach Jerusalem, zu denen Maria ihre Familie treibt, geschieht es zum Beispiel, daß der Zwölfjährige im Gewühl verschwindet und sich, drei Tage lang, unter religiösen Vorwänden auf eigene Faust herumtreibt. Verzweifelt suchen ihn seine Eltern. Endlich erwischen sie ihn. Nimmt Joseph jetzt seinen Sprößling bei den Ohren?

O nein. Still und gottergeben steht er dabei und überläßt das Schimpfen Maria: «Mein Sohn, warum hast du uns das getan? Siehe, dein Vater und ich haben dich mit Schmerzen gesucht» (Lukas 2; 48). Spannend an diesem Satz ist, daß Maria zu diesem Zeitpunkt offenbar den heiligen Joseph immer noch für den – wenn auch vorehelichen – Erzeuger Jesu hält. Der Zwölfjährige selbst ist anderer Meinung; wie aus seiner Antwort hervorgeht, hält er sich bereits für die zweite Person Gottes: «Und er sprach zu ihnen: ‹Warum habt ihr mich gesucht? Wisset ihr nicht, daß ich sein muß in dem, was meines Vaters ist?›» (Lukas 2; 49).

Unter diesen Umständen geht die deutsche Sprache mit dem heiligen Joseph verhältnismäßig nett um. Sie beläßt ihm wenigstens den biederen Titel eines «Zieh-Vaters» Jesu. Die lateinische Kirchensprache war sarkastischer. Sie nannte ihn den «vermeintlichen Vater» Jesu, den «pater putativus». Auf jeden Fall, sagen wir es so, war er ein Traum-Vater.

Und wie eine Traumfigur verschwindet er aus dem evangelischen Bericht. Schon im 6. Kapitel bei Markus nennen die Nachbarn in Nazareth Jesus nur noch den «Sohn Marias» (Markus 6; 3). Ganz ungewöhnlich und merkwürdig für orientalische Verhältnisse. Und für den

Vater, nach damaligen Begriffen, eine schwere Beleidigung. Was ist mit Joseph nur wieder Blamables passiert? «Er wird also bald», beschwichtigt Diözesancaritasdirektor Johannes Kessels, «jedenfalls noch vor Beginn des öffentlichen Wirkens Jesu, gestorben sein.»[61]

Halbwaise Jesus? Dabei verliert doch keins der vier Evangelien über den Tod Josephs auch nur ein Wort. Soviel Persönlichkeit, um selbst zu sterben, hatte Joseph wohl nicht. Er zog es vor, eines Tages einfach nicht mehr dazusein. Aber war er denn je da? Seinem ureigenen Stil getreu löst sich der «pater putativus» Jesu vor unseren teilnahmsvollen Augen spurlos auf ins Nichts.

6. Jesus, der Archetyp des zölibatären Priesters

> «Spricht Jesus zu ihr: ‹Rühr mich
> nicht an!›»
> Johannes 20; 17

In einer kleinen, bescheidenen, ganz empirischen Untersuchung hat Karl Guido Rey, ein Schweizer Psychologe, 1968 die These vertreten, junge katholische Männer, die sich für den priesterlichen Dienst an der Mutter
Kirche entscheiden, seien «in hochsignifikanter Weise»
vorgeprägt durch eine dominante Mutter, auf jeden Fall
durch «das mangelhafte Vatererlebnis».[62]

Der Psychologe Rey war klug genug, diesen empirisch feststellbaren Tatbestand nicht aus der psychoanalytischen Dogmatik heraus zu interpretieren. Es sind ja
auch ganz andere Deutungen denkbar. Soweit ich mich
in meiner Kindheit für den Fußballclub Grasshoppers
Zürich interessierte, schloß ich mich meinem Vater an;
soweit ich mich für die Wallfahrt nach Einsiedeln interessierte, hielt ich mich an meine Mutter. So ist das, so
war es jedenfalls noch vor ein paar Jahren: Religion
mußte sich ein religiös interessierter Junge bei der Mutter holen. Vielleicht sollte Michelin einmal die großen
Köche psychoanalytisch testen. Als Berufsgruppe hatten

sie vermutlich auch «in hochsignifikanter Weise» ein «mangelhaftes Vatererlebnis». Was natürlich nicht ausschließt, daß ein Koch neben der sachlichen Fixierung auf die kulinarische Welt seiner Mutter auch eine ödipale Fixierung (was immer das sei) auf ihren Schoß hat. Vielleicht die eine Fixierung, vielleicht die andere, vielleicht beide, wer weiß. Karl Guido Rey war klug genug, sich vor psychoanalytischer Überinterpretation zu hüten.

Doch ein anderer ist nach ihm gekommen. Ein Größerer. Der «Galilei von Paderborn». Zwanzig Jahre später hat Eugen Drewermann Reys These in seinem Buch «Kleriker. Psychogramm eines Ideals» auf 900 Seiten breitgetreten. Vor einem komplexfrei grinsenden postmodernen Publikum stellt er jetzt die katholischen Kleriker als Sexualkrüppel an den Pranger der Psychoanalyse: «als chronische Heuchler, als bedienstete Lügner, als lebende Charaktermasken»[63]. Jedenfalls als das schiere Gegenteil eines sexuell so beispielhaft freien und selbstverwirklichten Menschen wie Jesus. Womit die Schablone «Kirche schlecht, Jesus gut» um eine allerletzte Doublette bereichert wird: «Jesus sexuell gut, Klerus sexuell schlecht».

Nanu. Einen Blick, Eugen Drewermann, nur einen einzigen Blick auf das «traute, hochheilige Paar», das an der Krippe Jesu stand. Sie das Urbild der allzumächtigen mediterranen Mamma, neben ihr, als Vater Jesu, ein nichtendes Nichts. Einen Blick dann, einen einzigen, auf die doppelte Fan-Gruppe um den Prediger Jesus: lauter starke, reiche Frauen, lauter schwache, arme Männer. Und wie der holde Anfang, so das schmerzenreiche Ende: Kein himmlischer Vater, kein irdischer Vater, kein Bruder, kein Jünger stand Jesus in der letz-

ten Stunde unterm Kreuz bei. «Stabat Mater dolo-
rosa...»

Ob es Eugen Drewermann gefällt oder nicht, psychoanalytisch betrachtet (wenn's denn sein muß), ist Jesus
der Archetyp des katholischen Priesters. Und man
komme mir nicht mit dem Einwand, der katholische
Priester lebe im Zölibat, während Jesus als Wanderprediger in sexueller Zwanglosigkeit gelebt habe. Wie Zölibat? Was Zölibat? Wo Zölibat? Gut, der strenge Zölibat in der Zeit Papst Pius XII., das war sauer. Das war ja
auch ein paulinischer Zölibat. Aber was heute im katholischen Klerus, jedenfalls bei uns, praktiziert wird, das
ist recht eigentlich ein jesuanischer Zölibat. Ein stark
gemäßigter Zölibat. Er muß als eine ungewöhnlich
freie Lebensweise bezeichnet werden. Er bietet auf jeden Fall viel mehr Freiheit als der Albtraum Ehe im
evangelischen Pfarrhaus. Im Ernst: Was derzeit in Mit-
teleuropa im katholischen Zölibat los ist, das dürfte, alles in allem, den sexuellen Lebensgewohnheiten Jesu
Christi denkbar nahe kommen. Und wenn ich richtig
sehe, so leidet die Mutterbindung unter dieser Verwahrlosung heute genauso wenig wie damals bei Jesus.

7. Wie Jesus sich
an den Frauen versündigt hat

«So jemand nicht will arbeiten,
der soll auch nicht essen.»
Paulus im 2. Thessalonicherbrief
3; 10

In ihrer «psychoanalytischen» Kritik am katholischen
Klerus, mit der Eugen Drewermann und Franz Alt sich
bei der postmodernen Halbbildung anbiedern, liegt
noch ein zweiter Denkfehler beschlossen. Zum Schaden der Frauen. Drewermann lenkt nämlich das vul-
gäre Augenmerk ausschließlich aufs Sexuelle. Wo aber
ein Mensch den andern, ein Geschlecht das andere beherrscht und ausbeutet, da ist – ich wage die unzeitge-
mäße Behauptung – nicht Sigmund Freud zuständig,
sondern Karl Marx.

Wirtschaftsenthobene Religiosität ist wesenhaft para-
sitär. Von jenem fatalen Augenblick an, als Jesus sich
entschloß, entgegen dem Rat Johannes des Täufers
nicht zurückzukehren an seinen Arbeitsplatz nach Nazareth, begann sein Wanderleben auf Kosten anderer.
Markus schildert das unverblümt: «Und als er vorüberging, sah er Levi, den Sohn des Alphäus, am Zollhaus
sitzen. Und er sagte zu ihm: ‹Folge mir!› Da stand er auf
und folgte ihm» (Markus 2; 14). Und dann, von Markus

knallhart im nächsten Vers drangehängt, die finanziellen Folgen solch religiöser Hinwendung zu Jesus: «Und
es geschah, daß er [Jesus] sich zu Tische niederlegte in
seinem [Levis] Haus; und viele Zöllner und Sünder la-
gen zu Tische mit Jesus und seinen Jüngern; denn ihrer
waren viele, und sie folgten ihm» (Markus 2; 15).

Ein teures Essen. Nochmals: ein Mann namens Jesus
fordert einen Mann namens Levi auf, ihm zu folgen. Ist
es da abwegig, sich vorzustellen, daß erst einmal bei Jesus und auf Jesu Kosten gegessen werden sollte? Um so
mehr, als Jesus, laut Markus, in Kapharnaum – einen
Katzensprung vom Zollhaus entfernt – ein Haus hatte
(Markus 2; 1).

«Geben ist seliger als nehmen», so zitiert Paulus ausdrücklich Jesus selbst (Apostelgeschichte 20; 35). Der
heilige Martin von Tours hat sich daran gehalten und
seinen Mantel mit dem Bettler geteilt. Ein großes christliches Vorbild. Etwas ähnlich Christliches wird von Jesus selber im Evangelium leider nirgendwo berichtet.
Wo er teilt, wie etwa bei der Speisung der Fünftausend,
da teilt er nicht real, was er besitzt. Er stellt vielmehr
sein Talent, Wunder zu vollbringen, unter Beweis. Das
ist etwas anderes.

Jesus ist keiner, der gibt. Er ist einer, der nimmt, was
immer er braucht, und zwar recht herrisch: «Und als sie
nach Jerusalem kamen, nach Bethphage und Bethanien
an den Ölberg, sandte er zwei Jünger aus und sagte zu
ihnen: ‹Geht in das Dorf da drüben. Und sofort [so-
gleich, stracks, augenblicklich], wenn ihr hineinkommt,
werdet ihr ein Füllen angebunden finden, auf dem noch
kein Mensch gesessen hat. Bindet es los und bringt
es her! Und wenn einer fragt: ‚Was tut ihr da?‘, dann
sagt, daß der Herr seiner bedarf. Und sofort [sogleich,

stracks, augenblicklich] wird er es hersenden›» (Markus 11; 1–3).

Doch so gern der «erste neue Mann» auf anderer Männer Kosten zu Tische lag oder auf anderer Männer Kosten nach Jerusalem ritt, leichter noch, viel leichter mußte es dem Sohn Mariens fallen, sich von starken, mütterlich nährenden Frauen aushalten zu lassen: von Maria Magdalena, von Johanna, von Susanna, und von all den andern Frauen, «die ihm Handreichung taten von ihrer Habe» (Martin Luther). Und umgekehrt: Welch unwiderstehlichen Reiz übt, damals wie heute, der betreuungsbedürftige Mann auf die Mehrzahl der Frauen aus. «Wie Therapeutinnen umgeben die Frauen Jesus», freut sich jedenfalls Elisabeth Moltmann-Wendel in einer Meditation über die Rock-Oper «Jesus Christ Superstar».[64] Ich weiß nicht, ob das so erfreulich ist. Es gibt einen uralten reziproken Parasitismus zwischen der dominanten Frau und dem submissiven Mann: sie beherrscht ihn krankenschwesterlich; er liegt ihr auf der Tasche.

«Jesus gut, Paulus schlecht»? Vielleicht wäre es den Frauen in der christlichen Geschichte besser gegangen, wäre es dem bösen Paulus wirklich gelungen, sich gegen den lieben Jesus durchzusetzen. Paulus, der offene Frauenfeind, der sich dafür aber auch selber redlich an den Satz gehalten hat: «So jemand nicht will arbeiten, der soll auch nicht essen» (2. Thessalonicher 3; 10).

Doch Paulus kam zu spät. Nach der Hinrichtung Jesu ging es in der Urgemeinde finanziell erst mal schön jesuanisch weiter. Reimarus äußert sogar den Verdacht, daß die Jünger die Kirche eigens gegründet haben, um den parasitären Lebensstil Jesu auch ohne Jesus auf Kosten der Frauen fortsetzen zu können: «Zur alten

Hantierung zurückzukehren war ihnen sauer; die Freunde des Messias hatten auf ihren Reisen das Arbeiten verlernt. Sie hatten gesehen, daß die Predigt des Gottesreiches ihren Mann wohl ernährt; auch als er sie ohne Tasche und ohne Geld aussandte, hatten sie nicht gedarbt. Die Weiber, von denen Lukas 8; 3 berichtet, hatten es sich angelegen sein lassen, den Messias und seine künftigen Minister gut zu beköstigen.

Warum diese Existenz nicht fortsetzen?»[65]

AUCH ICH
HÄTTE JESUS
GEKREUZIGT

1. Zwei Juden in der Nacht

«Hörst du denn nicht, was diese
sagen?»
Matthäus 21; 16

Es war nicht leicht, den alten jüdischen Richter in Jerusalem zu finden. An dem mehrstöckigen Haus in der Tchernichowsky Street, wo er wohnt, war in der abendlichen Dunkelheit keine Nummer zu erkennen. Auch der Hauseingang war nicht beleuchtet, und neben den Klingelknöpfen standen nur Namen in hebräischen Lettern. Aufs Geratewohl drückte ich den untersten Knopf. Die Tür öffnete sich, im Flur ging das Licht an. Im selben Augenblick sprang eine zweite Tür auf, und ein junger Soldat hielt mir sein Maschinengewehr vor den Bauch: «Zu wem wollen Sie?»

Ich wollte zu Chaim Cohn, Alt-Oberrichter am Appellationsgericht des Staates Israel. Und ich wollte zu ihm, weil dieser jüdische Jurist sich zwanzig Jahre seines Lebens mit nichts anderem beschäftigt hat als mit dem Tod Jesu in Jerusalem. Seine Untersuchung «The Trial and Death of Jesus»[66] ist die autoritative Quelle für die besten jüngeren Darstellungen des Prozesses und der Hinrichtung Jesu.

Chaim Cohn empfing mich auf der Treppe im obersten Stock. Um mir über den Schock des ersten Empfangs hinwegzuhelfen, wollte er etwas Freundliches sagen: «Ich bin aus Lübeck.»

Er hielt mich für einen Deutschen. So erlebte ich im Gespräch mit ihm die unerträglich-unwiderstehliche Mischung aus Familiarität und Feindseligkeit in der Begegnung zwischen ehemals deutschen Juden in Israel und ihren Besuchern aus Deutschland. Mir war nicht wohl, und, soviel wir auch redeten, wir wurden miteinander nicht warm. Es war Dezember, und die Wohnung war nicht geheizt.

Und dann auf einmal, spät in der Nacht, ein unerwarteter Augenblick des Vertrauens und des selbstverständlichen gegenseitigen Verstehens. Es ging um jenes Wort des Hohenpriesters Kaiphas, das dem Evangelisten Johannes so wichtig ist, daß er es zweimal zitiert: «Besser, ein Mensch stirbt für das Volk, als daß das ganze Volk zugrunde geht» (Johannes 11; 50, vgl. mit 18; 14). Warum klingt das so gar nicht blutgierig, so gar nicht eifernd oder haßerfüllt?

Jesus war ein aufsässiger jüdischer Wanderprediger, Kaiphas war ein jüdischer Hoherpriester, den die Römer eingesetzt hatten. Doch was immer sie gegeneinander haben mochten, es waren zwei Juden, die in der Nacht vor der Kreuzigung miteinander redeten. Von den beiden war Kaiphas weit erfahrener im Umgang mit der Macht, vor allem mit der Besatzungsmacht. Wußte er nicht recht, was er von Jesus halten sollte, so wußte er anderseits aufs beste, wie übermächtig die Römer waren, wie gereizt. Was für ein Spiel mit dem Feuer jeder trieb, der, wie Jesus, Unruhe brachte ins Volk.

«Und doch», fuhr Chaim Cohn fort, «waren beide Juden. Fällt es denn so schwer, sich vorzustellen, wie in jener Nacht die Vorwürfe, die Anklagen, die Drohungen und Unterstellungen hin und her gingen, und wie dann doch der Augenblick kam, wo Kaiphas sich zu Jesus hinüberbeugte, und wie ein Jude zum andern sprach: ‹Das kannst du doch nicht machen!›» Als er das sagte, beugte sich mit einem Mal Chaim Cohn, der alte jüdische Richter, zu mir herüber. Als wäre es jene andere Nacht in Jerusalem, als wäre er Kaiphas und ich Jesus, so beschwörend, eindringlich, brüderlich wiederholte er leise: «Das kannst du doch nicht machen!»

Was hat Jesus in Jerusalem gemacht?

Matthäus, hier einmal bündiger und anschaulicher als Markus, stellt es so dar: «Als er in Jerusalem einzog, erregte sich die ganze Stadt und sagte: ‹Wer ist dieser?› Und die Menge sagte: ‹Das ist der Prophet Jesus, der aus Nazareth in Galiläa.› Und Jesus ging hinein in den Tempel Gottes, warf alle Verkäufer und Käufer aus dem Heiligtum, stieß die Tische der Wechsler und die Stühle der Taubenverkäufer um und sprach zu ihnen: ‹Es steht geschrieben: Mein Haus soll ein Bethaus heißen. Ihr aber habt daraus eine Mördergrube gemacht.› Und Blinde und Lahme gingen zu ihm in den Tempel, und er heilte sie. Als aber die Hohenpriester sahen, wie er Wunder wirkte und wie die Kinder im Tempel schrien ‹Hosanna dem Sohn Davids!›, ärgerten sie sich und sagten zu ihm: ‹Hörst du denn nicht, was diese sagen?›» (Matthäus 21; 10–16).

Intifada-Stimmung in Jerusalem. Es fehlt nicht einmal das Revolutionsgeschrei der Halbwüchsigen («Kinder»), so perfekt gibt Matthäus das Klima palästinensischer Erregung wieder, das jeden Augenblick explodieren konnte zu einem blutigen nationalen Aufstand. Um diese Stimmung in Jerusalem aufs äußerste anzuheizen, hätte es des Einzugs Jesu weiß Gott nicht bedurft.

Mochte nämlich die fieberhafte Hoffnung auf einen messianischen Umsturz, die «eschatologische Naherwartung», die ihm entgegenschlug, ein religiöses Phantasma sein, so war sie doch entstanden aus einer politischen Realität. Seit dem Jahre 6, seit der Kindheit Jesu, war Palästina von den Römern besetzt. Seither hatten sie Ordnung gebracht in die libanesischen Verhältnisse, die zuvor im Lande geherrscht hatten. Sie nahmen auch Rücksicht auf den Glauben der Juden und dispensierten sie vom Kaiserkult. Unter solchen Umständen hielt die jüdische Oberschicht, hielt auch die Priesterschaft in Jerusalem die Kollaboration mit den Römern für das beste.

Sie profitierten ja auch von dieser Kollaboration. Das jüdische Volk dagegen litt schwer unter der Steuereintreibung durch jene römischen «Landpfleger», die Kaiser Tiberius selbst mit «blutsaugenden Stechfliegen»[67] verglich. Und keiner hat soviel Blut gesogen wie Pontius Pilatus. «Bestechung, Gewalttat, Raub, Mißhandlung, Rufmord, fortwährende Hinrichtungen ohne Urteilsspruch, endlose und unerträgliche Grausamkeiten»[68], das ist die Bilanz seiner Amtstätigkeit in einem Beschwerdebrief von Herodes an Kaiser Caligula. Unter Pontius Pilatus, so urteilt Pinchas Lapide, war Palästina geplagt von einem wahren «Teufelskreis von römischer Habgier, jüdischer Auflehnung und römischen Massenkreuzigungen, die wiederum die militante Reaktion der Eiferer (Zeloten) hervorriefen»[69].

Nationale Not ist nämlich stets die ideale Gelegenheit zur brachialen Selbstdarstellung ehrgeiziger junger Männer. Das waren damals unter den Juden die «Eiferer» oder «Zeloten». Man stellt sie sich wohl am besten vor als eine Art «Leuchtender Pfad» der Antike. «So war Judäa eine wahre Räuberhöhle», berichtet noch im ersten Jahrhundert der jüdische Geschichtsschreiber Flavius Josephus, «und wo nur immer eine Schar von Aufrührern sich zusammentat, wählten sie gleich Könige, die der Allgemeinheit sehr verderblich wurden. Denn während sie den Römern nur unbedeutenden Schaden zufügten, wüteten sie gegen ihre eigenen Landsleute mit Mord und Totschlag.»[70]

Die Passah-Wallfahrt nach Jerusalem, so berichtet Josephus weiter, war – jedes Jahr – der gefährliche Moment, wo die allerorten schwelende Guerilla aufzulodern drohte zum blutigen Aufstand der ganzen Nation. Das lag an der Symbolik des Festes, das ja die Befreiung der Juden von ägyptischer, von fremder Herrschaft feiert. Das lag aber auch an der Masse der Pilger, wohl über hunderttausend, darunter Tausende von tatendurstigen «Eiferern» aus den Berghöhlen von Judäa und Galiläa. Ihnen gegenüber war Jerusalems römische Garnison hoffnungslos in der Minderzahl. Um so gereizter reagierte sie auf die geringsten Vorzeichen einer Erhebung.

An solchen Vorzeichen aber fehlte es nicht. Selbst die Evangelien, die doch ihr Augenmerk auf ganz andere Dinge richten, berichten zufällig und unabsichtlich davon. Lukas zum Beispiel erwähnt «Galiläer in Jerusalem», die Pilatus beim Opferdienst niedermetzeln ließ (Lukas 13; 1) – offensichtlich ein Gefecht zwischen römischen Soldaten und galiläischen Eiferern unter den Pilgern. Von einer anderen Revolte berichtet Markus bei der Vorführung Jesu vor Pontius Pilatus: «Es war aber einer, genannt Barabbas, gefangen mit den Aufrührern, die beim Aufruhr einen Mord begangen hatten» (Markus 15; 7). Also hatte bereits ein blutiger Krawall stattgefunden, wahrscheinlich sogar mehrere.

Vor allen Dingen aber ist den Evangelien zu entnehmen, daß Pontius Pilatus in Person nach Jerusalem gekommen war. Das war ungewöhnlich. Um deutlich zu machen, daß sie die Heiligkeit Jerusalems achteten und sich in die religiösen Belange der Juden nicht einmischen wollten, hatten die römischen Präfekten ihren Amtssitz eben nicht nach Jerusalem verlegt, sondern nach Caesarea Maritima, weit unten an der fernen Küste. Daß Pilatus es für nötig hielt, persönlich in Jerusalem für Ordnung zu sorgen, zeigt, wie explosiv die Stimmung dort vor dem Passahfest war.

Ausgerechnet jetzt muß ER in Jerusalem Einzug halten. Er, der große Prediger der Nächstenliebe und des Friedens. Was ist in ihn gefahren?

2. Warum bereits die Römer im Falle Jesu «exegetisch» überfordert waren

> «Pilatus antwortete: ‹Bin ich denn ein Jude?›»
> Johannes 18; 35

Jesus kommt, und auf der Stelle geht der Krawall los. Mit der «Peitsche» (Johannes 2; 15) zeigt Jesus nicht nur den Wechslern und Händlern, sondern auch den abertausend Pilgern im Vorhof des Tempels, wer der neue Meister ist im Hause Gottes. Und «die Kinder», das heißt die revolutionslustigen Teenager, brechen aus in messianisches Geschrei: «Hosanna dem Sohne Davids!»

Dann, vor dem Heiligtum, beginnt Jesus zu predigen. Er zeigt auf den Tempel: «Nicht ein Stein soll auf dem andern bleiben, der nicht niedergerissen wird» (Markus 13; 2). Warum das? Weil ein Weltkrieg bevorsteht: «Erheben wird sich Volk gegen Volk und Königreich gegen Königreich» (Markus 13; 8). Mehr noch als ein Weltkrieg, eine Art universeller Bürgerkrieg wird hereinbrechen: «Der Bruder wird den Bruder zum Tode überliefern und der Vater das Kind. Die Kinder werden gegen die Eltern aufstehen und werden sie töten» (Markus 13;

12). Anschließend kommt der Weltuntergang: «In den Tagen nach jener Drangsal wird sich die Sonne verfinstern, der Mond wird nicht mehr scheinen, die Sterne werden vom Himmel fallen und die Kräfte des Himmels werden erschüttert werden» (Markus 13; 24–25). Doch erst dann kommt das Eigentliche. Nach Weltkrieg und Weltuntergang kommt ER: «Dann werden sie den Menschensohn kommen sehen in den Wolken mit großer Kraft und Herrlichkeit» (Markus 13; 26).

Jesus als Intifada-Prediger im erregten Jerusalem. Für den modernen, exegetisch hochgeschulten Leser ist natürlich sofort klar, daß Jesus nicht die Sache der Zeloten predigt. Nicht zur bewaffneten Erhebung ruft er auf; in biblisch vorgeprägten Bildern kündigt er vielmehr an, daß die «messianischen Wehen» begonnen haben: Gott selber wird die Welt auf den Kopf stellen und den Menschensohn «in Kraft und Herrlichkeit» schicken, damit er sein Volk Israel befreie und alle seine Feinde vernichte.

«Eschatologische Naherwartung» also, nicht militärische Erhebung, das ist unsere hochgeschulte exegetische Unterscheidung. Leider waren die Römer exegetisch nicht ganz so gut geschult wie wir. Sie hörten aus alldem nur Revolution heraus. Vielleicht zu Recht. Religiöse und politische Umsturz-Rhetorik sind heute in Palästina kaum auseinanderzuhalten. Das war wohl damals schon so.

Leider waren auch die «Kinder», also die tatendurstigen Teenager unter den Pilgern, exegetisch noch nicht hinreichend geschult. Aus den blutigen Visionen des Mannes, der im Vorhof des Tempels mit der Peitsche um sich schlug, hörten sie nichts heraus als nationale Erhebung: «Hosanna dem Sohne Davids!»

Und bei all dem gewaltsamen Tun und Reden Jesu Christi waren die Tempelpriester zugegen: Sie waren vermutlich die einzigen, die exegetisch hinreichend geschult waren, um die Nuancen in der Selbstdarstellung Jesu zu verstehen. Anderseits machte Pilatus sie persönlich dafür haftbar, daß das Passahfest ohne Blutvergießen verlief. Die Haare müssen diesen erfahrenen Männern zu Berge gestanden haben, als sie die verantwortungslosen Brandreden des Nazareners hörten. Und das entfesselte Revolutionsgeschrei seines Teenager-Publikums. Vergeblich versuchten sie, Jesus beiseite zu nehmen und ihn zur Vernunft zu bringen: «Hörst du denn nicht, was diese sagen?» (Matthäus 21; 16).

Merkwürdig. Noch ein paar Monate zuvor war Jesus nicht so. Seine Auftritte am See Genezareth mögen dränglerisch und drohend gewesen sein, manchmal auch jähzornig. Aber von jenen Predigten zu den großen Weltuntergangsprophezeiungen nach dem Einzug in Jerusalem geschieht das, was Friedrich Engels einen «Qualitätssprung» nennt. Diese letzten Vernichtungs-Visionen Jesu erinnern an die letzten Bilder, die Vincent van Gogh vor seinem Selbstmord gemalt hat und in denen der ganze Kosmos zu zerbersten scheint.

Vor allem hat Jesus in Galiläa nicht nur anders geredet, sondern auch anders gehandelt. Nach der Hinrichtung Johannes des Täufers zum Beispiel meidet er die Konfrontation, läßt sich nicht von der Menge zu dessen Nachfolger machen, sondern «entweicht zu Schiff an einen öden Ort» (Markus 6; 32). Den Zöllner bei Bethsaida hat er nur bekehrt, weil er dort, um politischem Ärger mit Herodes aus dem Weg zu gehen, alle paar Tage die Grenze wechselte. Und der Evangelist Johannes weist ausdrücklich darauf hin, daß Jesus im

Herbst noch klug genug war, eine Wallfahrt zum Laubhüttenfest nach Jerusalem auszuschlagen. Seine Brüder hätten ihn dazu gedrängt, aber nur, um ihn ins Unglück zu stoßen («Denn auch seine Brüder glaubten nicht an ihn». Johannes 7; 5).

Jetzt, ein halbes Jahr später, ist es mit aller Klugheit aus. Im gefährlichsten Augenblick kommt er nach Jerusalem, hält aufrührerische Predigten und schlägt im Tempel buchstäblich um sich. Was ist in Jesus gefahren?

3. Wie Jesus in Galiläa scheiterte

«Das ist eine harte Rede;
wer kann sie hören?»
Johannes 6; 60

Erstaunlicherweise ist es der Evangelist Johannes, der, sonst so gnostisch abgehoben, hier auf einmal die sachlichsten Auskünfte gibt. Dem Entschluß zur großen Machtprobe in Jerusalem ist daheim in Galiläa eine Serie von immer schlimmeren Mißerfolgen vorausgegangen. Johannes über die Stimmung in der Synagoge von Kapharnaum: «Von den Jüngern, die ihm zuhörten, sagten viele: ‹Das ist eine harte Rede; wer kann sie hören?›» (Johannes 6; 60). Wenn er also selbst die Stadt Kapharnaum «bis in die Hölle» (Matthäus 11; 23) verdammt, so ist das vielleicht nur seine Reaktion darauf, daß auch die Leute dort ihn, nach einer Weile jedenfalls und nach näherer Bekanntschaft, herzlich zum Teufel wünschten. Aus der Synagoge vertrieben, hält er See- und Berg-Predigten, und die Menge folgt ihm. Aber leider, wie es uns schon einmal aufgefallen ist, nicht lange: «Darauf zogen sich viele Jünger zurück und wanderten nicht mehr mit ihm» (Johannes 6; 66). Täglich näher rückt ein unvorstellbarer Albtraum: Muß der Messias morgen schon ganz allein das Heilige Land durchwandern? Die Stimmung in der Wandergruppe ist auf alle

Fälle nicht mehr, was sie gewesen war: «Da fragte Jesus die Jünger: ‹Wollt auch ihr weggehen?›» (Johannes 6; 67).

Nach kurzen Anfangserfolgen bewegt sich die «Jesus-Bewegung»[71] – wie so manche andere Bewegung davor und danach – einer schweren, vielleicht einer endgültigen Krise zu. Untrügliches Symptom: der Kassenwart der Bewegung beginnt, es sich anders zu überlegen.

Oder ist es etwa ein Zufall, daß unmittelbar vor dem Einzug in Jerusalem, beim Zwischenaufenthalt in Bethanien, zwischen den Jüngerinnen und den Jüngern der Streit ums Geld ausbricht? Ist es ein Zufall, daß der Kassenwart Judas die Fronde anführt, mit dem Argument, so könne man die Denare nicht länger zum Fenster hinauswerfen (vgl. Johannes 12; 5)? Waren vielleicht auch schon die zahlenden Jüngerinnen bereits weniger zahlreich als die kassierenden Jünger? Und wenn der Jurist Weddig Fricke in seiner Untersuchung über den Prozeß Jesu behauptet, Judas könne Jesus gar nicht für ein paar Silberlinge verraten und verkauft haben, weil es doch für ihn viel einfacher gewesen wäre, gleich mit der ganzen Kasse durchzubrennen[72], nun, so will mir scheinen, daß da wieder einmal ein Deutscher in der ihm eigenen Großzügigkeit übersieht, was mir, dem Schweizer, sofort schwant: Die Kasse der Jesus-Bewegung war leer.

Was tun? Die Evangelien, wir sahen es, sind Fan-Berichte; was der Verherrlichung Jesu abträglich sein könnte, erzählen sie nur unfreiwillig. Trotzdem schimmert durch, daß es vor dem Einzug in Jerusalem im kleinen Haufen der Treugebliebenen Meinungsverschiedenheiten gab, wie die Krise der Bewegung zu bewältigen sei. Deutlich unterscheidbar sind ein Modell Petrus und ein Modell Judas.

Nicht umsonst hat Petrus später den «Heiligen Stuhl» gegründet. Er hatte persönlich eine unwiderstehliche Neigung, Probleme einfach auszusitzen, später seine Probleme mit Paulus, aber wohl auch schon seine Probleme mit Jesus. Als dieser ihm zum ersten Mal in unheilschwangeren Worten den Gang nach Jerusalem ankündigte, nahm Petrus ihn mahnend beiseite: «Herr, schone dein selbst; das widerfahre dir nur nicht!» (Matthäus 16; 22). Im Charakter Petri hätte es gelegen, die strapaziöse Wanderei eine Weile einzustellen, die Krise daheim, in der vertrauten galiläischen Provinz, gemütlich auszusitzen und sich dann wohl auf die Dauer, in der wimmelnden Szene messianischer Erweckungsprediger, mit einer bescheideneren – sekundären – Rolle zu begnügen: «Relax and settle for second.»

Etwas anders das Modell Judas. Lukas berichtet in der Apostelgeschichte (1; 18−20), daß Judas sich von seinen Silberlingen ein Landgut gekauft habe und später dort durch einen Unfall gestorben sei. Bei Matthäus (27; 10) ist von einem «Töpferacker» die Rede. Ob Landwirtschaft, ob Töpferei, die Absicht des Judas ist unverkennbar: Schluß mit dem religiösen Trip, Rückkehr zur Arbeit, Rückkehr ins normale Leben.

Rückkehr nach Nazareth? Warum eigentlich nicht? Das Geld wird ja nicht nur in Bethanien langsam ausgegangen sein, sondern auch in Nazareth. Muß man eigentlich Schweizer sein, um sich Gedanken zu machen, was aus einer Schreinerei wird, wenn der Chef ein Jahr lang blaumacht? Und wenn die äußerst triftigen Argumente stimmen, die Schalom Ben-Chorin dafür an-

führt, daß Jesus verheiratet war[73], ist es dann so abwegig, zu fragen, wovon Frau und Kinder lebten, während
der Vater, den Weltuntergang prophezeiend, durch
die Lande zog und sich von feinen Damen aushalten
ließ? Daß man ihn in Nazareth so verärgert empfing
(siehe Matthäus 13; 57), ja daß ihn die eigene Familie
als «Spinner» (Markus 3; 21) beschimpfte, bedarf keiner tiefsinnigen Deutung. Das hatte handfeste, prak-
tische, materielle Gründe. In Nazareth fehlte ein Mann,
ein Ernährer, ein Chef, ein Nachbar. Heim nach Nazareth!

Man komme mir nicht mit dem Vorwurf kleinbürger-
licher Beschränktheit und somit des spießigen Unver-
ständnisses für geniales Herumschweifen («vagatio»).
Das ist ein sehr jesuanischer Vorwurf, Jesus selbst hat ja
den Nachbarn in Nazareth mehr oder minder vorge-
worfen, sie seien bornierte Kleinbürger (siehe Matthäus
13; 57).

Gepriesen sei das Kleinbürgertum! Von seinem
Pflichtgefühl, von seiner Arbeitsamkeit und von seiner
Zahlungsmoral lebt die ganze Welt. Von Kleinbürgern
hat die Menschheit nicht alles, aber sie hat ungleich
mehr von ihnen als von Wundertätern und Weltunter-
gangspropheten. Heim nach Nazareth!

Ein bißchen rote Ohren hätte er gewiß gehabt bei der
Heimkehr. Aber eine tödliche Blamage wäre es nicht
gewesen. Auf indischen Dörfern, auch in indischen
Großstädten stößt man immer wieder auf Männer mittleren Alters, die in ihrer Jugend eine Weile als Guru
herumgezogen sind, die dann aber, weil's für die religiöse Laufbahn doch nicht ganz gereicht hat, ins bür-
gerliche Berufsleben zurückgekehrt sind und jetzt als
Freizeit-Gurus, als gelegentliche Ratgeber, Wunder-

heiler und Moralprediger viel Gutes tun. Das wäre doch auch etwas gewesen für Jesus. Warum nicht heim nach Nazareth? Warum lieber nach Jerusalem in den Tod?

Die Antwort ist einfach: Um zurückzukehren an seinen Arbeitsplatz und in seine Familie, hätte Jesus ein Opfer bringen müssen. Ein Opfer, das er selber offenbar als so schwer empfand, so unerträglich, daß ihm sogar der Opfergang ans Kreuz leichter fiel. Jesus hätte nicht nach Nazareth heimkehren können, ohne seinen Größenwahn zu opfern.

4. Der Größenwahn Jesu Christi

«Ich bin der Weg, die Wahrheit
und das Leben.»
Johannes 14; 6

«So spricht der Herr», das ist die Bescheidenheitsfor-
mel, ohne die Israels größte Propheten den Mund nicht
auftaten. Die Formel Jesu dagegen lautet: «Ich aber
sage euch». «Ich» überhaupt, ohne Unterlaß, durch alle
vier Evangelien. Wie man es exegetisch dreht und wen-
det, von «So spricht der Herr» zu «Ich aber sage euch»
ist es ein Sprung, wenn auch nicht in der Qualität, so
doch in der Quantität des Selbstbewußtseins.

Sich in die Rolle eines fahrenden Wundertäters zu
begeben, verrät ohnehin ein arg gesteigertes Selbstbewußtsein. Aber Jesus geht noch weiter als andere Wundertäter. Fast zu jeder wunderbaren Heilung reicht er
einen Machtspruch nach wie diesen: «Mein Sohn,
deine Sünden sind dir vergeben» (Markus 2; 5). Alle
drei synoptischen Evangelien – Matthäus, Markus und
Lukas – berichten übereinstimmend, daß die Juden
dies als «Gotteslästerung» empfanden (Matthäus 9; 3;
Markus 2; 7; Lukas 5; 21). Was heißt «Gotteslästerung»? Das ist ein altes religiöses Wort, welches sich
durchaus in moderne Sprache übersetzen läßt: «Größenwahn».

Und wie sich denn die Gebärde der Drohung und die Phantasien von Macht und Gewalt von den ersten Predigten in Galiläa bis zum Einzug in Jerusalem ständig steigern, so vollzieht sich gleichzeitig auch im Selbstgefühl Jesu, wie Eduard von Hartmann es ausdrückt, «eine abnorme Steigerung»[74].

Was ist daran so abnorm? Eine leichte Neigung, sich selbst für einen Gottmenschen zu halten, «begegnet vielleicht hie und da bei allen Menschen», vermutet der amerikanische Psychoanalytiker Ernest Jones.[75] Im Grunde, meint er, sei das eine atheistische Neigung, beruhend auf der Unfähigkeit, sich vorzustellen, daß Gott ein gänzlich anderer ist als ich, schon gar nicht mit mir blutsverwandt. Als gelegentlicher leichter Anflug der Selbstvergötterung sei dieser «Gottmensch-Komplex» jedoch nicht nur weit verbreitet, vermutet Jones, sondern auch harmlos. Bedenklich werde es erst, wenn sich der Gottmensch-Komplex (wie bei Jesus) zum «kolossalen Narzißmus»[76] steigere.

«Ich bin das Brot des Lebens» (Johannes 6; 35). «Wer an mich glaubt, der hat das ewige Leben» (Johannes 6; 47). «Ich bin das Licht der Welt» (Johannes 8; 12). «Ich bin die Auferstehung und das Leben» (Johannes 11; 25). «Ich bin der Weg, die Wahrheit und das Leben» (Johannes 14; 6). Ist das «Gotteslästerung» oder ist das «kolossaler Narzißmus»? Verzichten wir lieber auf die psychoanalytische Dogmatik genauso wie auf die theologische und halten wir mit umgangssprachlicher Bescheidenheit den schlichten Befund fest: Jesus von Nazareth hat an Größenwahn gelitten.

Ich lasse auch den Einwand nicht gelten, daß Sprüche dieses Kalibers fast alle erst bei Johannes stehen, daß dies somit eine spätgriechische Rhetorik der Selbstvergötterung ist, die in den aramäischen Mund Jesu gar nicht paßt. Das stimmt wohl. Und doch ist Johannes zugute zu halten, daß er nur – wenn auch in hellenistische Begriffe umgesetzt – eine Selbstdarstellung Jesu aufzeichnet, die sich bereits bei Matthäus und bei Markus nachlesen läßt, und zwar dort in Jesu eigenen Begriffen. In jüdischen Traditionsbegriffen also, die nicht mit griechischer Eleganz und Präzision sublimieren, die aber einem erwartungsvollen Publikum um so ahnungsreicher göttliche Macht und Sendung suggerieren.

«Gottessohn» oder «Menschensohn», «Prophet» oder «Messias»? Nicht nur bei Caesarea Philippi (Matthäus 16; 13–20) ergehen sich Jesus und sein engster Jüngerkreis absichtsvoll in derart wechselhaften und vieldeutigen Begriffen der Selbstdarstellung. In Begriffen, die ganz harmlos verstanden werden können, in denen aber, anders verstanden, auch schon die zweite Person Gottes steckt. Und Jesus beherrschte die Technik der Massensuggestion virtuos genug, um zu wissen, welch aberwitzige Hoffnungen solche Begriffe in der religiösen Phantasie seines erregten Publikums weckten.

«Menschensohn» ist sein Lieblingswort für sich selbst.[77] Das klingt weiß Gott harmlos. Es konnte auch durchaus harmlos verstanden werden und hieß dann nur, ins Deutsche übersetzt, «ein Mensch wie du und ich». Aber so wurde es von einem eschatologisch aufgeheizten, messianisch aufgewühlten Publikum mit Sicherheit nicht verstanden. In allen Köpfen spukte doch Daniels apokalyptische Verheißung: «Und siehe, es kam einer auf den Wolken des Himmels wie ein Menschensohn» (Daniel 7; 13).

Aus der geballten Suggestionsfülle dieser ursprünglichen Selbstdarstellung Jesu vor jüdischen Zuhörern spricht mindestens schon ebensoviel Ichbewußtsein wie aus des Johannes sublimer Umsetzung in hellenistische Begriffe. Und nicht erst bei Johannes, sondern bereits bei Markus schätzt dieser dreißigjährige Wundertäter seine eigene Größe so ein: «Himmel und Erde werden vergehen, meine Worte aber werden nicht vergehen» (Markus 13; 31).

Heim nach Nazareth? Zurück zur Arbeit? In die Familie zurück? Nicht bereit, sein maßlos angeschwollenes Selbstgefühl zu opfern, wählt der Galiläer den Opfergang nach Jerusalem: «Von da an begann Jesus seinen Jüngern zu zeigen, es müsse sein, daß er nach Jerusalem gehe und vieles leide von den Ältesten und Hohenpriestern und Schriftgelehrten, und daß er getötet werde und am dritten Tage auferweckt» (Matthäus 16; 21).

In Galiläa gescheitert, strebt Jesus zwanghaft der einzigen Form von Größe zu, die dem noch möglich ist, der – «denn man sieht nur die im Lichte» – sonst im Dunkel der Geschichte verbleiben müßte: Größe durch Katastrophe. Es hat so etwas auch im 20. Jahrhundert gegeben. Beide Weltkriege hätten ohne dieses mächtige Motiv nicht ausbrechen können. Es ist ja so schwer, in der Bedeutungslosigkeit des friedlichen, normalen, kleinbürgerlichen Alltags ein Leben lang seinen kleinen Mann zu stehen, um zum Schluß doch nur von ein paar Freunden begraben zu werden und bald danach vergessen zu sein. Es ist auf jeden Fall ungleich leichter, alle Generationen mal auszubrechen ins apokalyptische Schicksal. In die Größe durch Katastrophe. Sie ist übrigens, allem dulderischen Anschein zum Trotz, auch die bequemste Form der Größe.

Für die Katastrophenhoffnung Jesu Christi hielt das

Alte Testament ein prophetisches Modell bereit. Das ist der «leidende Gottesknecht» im 53. Kapitel bei Jesaja: «Um unserer Missetat willen ist er verwundet, um unserer Sünden willen zerschlagen. Die Strafe liegt auf ihm, damit wir Frieden hätten; und durch seine Wunden sind wir geheilt» (Jesaja 53; 5).

In diese Opferidee phantasiert sich Jesus nach seinem Scheitern in Galiläa hinein. In welchem Maße er den Sinn für so etwas wie Realität beim Einzug in Jerusalem verloren hat, wird bei Lukas am deutlichsten: «Doch ich muß wandern, heute, morgen und am Tag danach; denn es geht nicht an, daß ein Prophet außerhalb Jerusalems umkomme. Jerusalem, Jerusalem, das du die Propheten, die zu dir gesandt sind, tötest und steinigst!» (Lukas 13; 34).

Das ist blanker Unsinn. Jerusalem hat seine Propheten nicht getötet und nicht gesteinigt.[78] Nirgendwo im ganzen Alten Testament – das Jesus bestens kannte – wird so etwas berichtet. Es sei denn im 2. Buch der Chronik, wo ein sonst nicht näher bekannter Priestersohn namens Zacharias (nicht der Prophet Zacharias, nach dem ein Buch benannt ist) tatsächlich gesteinigt wird (2. Chronik 24; 20–22). Das war aber im 9. Jahrhundert vor Christus. Fast ein Jahrtausend lang hatte Jerusalem seither seine Propheten pfleglich behandelt. Schließlich wußte man, was für schwierige Leute Propheten sind. Man hatte mit ihnen Geduld. Man hatte mit ihnen verdammt viel Erfahrung. In Jerusalem gerät Jesus an den Mann, der diese Erfahrung in Person verkörpert.

5. Wie Jesus
an den Falschen geriet

«Es war aber Kaiphas, der den Juden
riet, daß es gut sei, wenn Ein Mensch
sterbe für das Volk.»
Johannes 18; 14

Seit einem Jahrzehnt übte Kaiphas das Amt des Hohenpriesters aus (es gab nur einen Hohenpriester, nicht
mehrere, wie alle vier Evangelisten fälschlich behaupten). Er war auch Vorsitzender des obersten jüdischen
Gerichts, des Hohen Rates. Vor allen Dingen war er das
Oberhaupt der mächtigen konservativen Partei der
Tempelpriester, der Sadduzäer.

Gewiß, auch das Milieu, aus dem Jesus kam, war
konservativ, populistisch radikalkonservativ. Die Sadduzäer aber waren Konservative von ganz anderem
Schlag. Sie beherrschten den Tempel. Im jahrhunderte-
langen Umgang mit der Macht waren sie knochentrok-
ken geworden. Sie glaubten an den Gott Abrahams,
Isaaks und Jakobs, dienten ihm und hielten seine Ge-
bote. Aber an ein Leben nach dem Tod glaubten sie
nicht, auch nicht an Prophezeiungen und Wunder, am
allerwenigsten an Wunderprediger aus Galiläa.

Der Sadduzäer Joseph Kaiphas hatte Machterfah-
rung und Augenmaß genug, um zu wissen, daß ein Auf-

stand gegen die römischen Besatzer in einem nationalen Desaster enden mußte. Zwischen seinem eigenen, messianisch fiebernden Volk und dem grausam-unberechenbaren Präfekten Pontius Pilatus versuchte Joseph Kaiphas mit beharrlicher Geduld eine Politik des Machbaren.

Dem entsprach seine Humanität und Liberalität als Richter. Pontius Pilatus hat in seiner Amtszeit als Präfekt von Judäa etwa sechstausend Hinrichtungen[79] angeordnet, meist nach der Schnellgerichtsformel «abi in crucem» («ab mit dir ans Kreuz»). Etwa im gleichen Zeitraum hat der Hohe Rat unter Joseph Kaiphas höchstens ein halbes Dutzend Todesurteile gefällt. Und noch dazu nicht die besonders quälerische Kreuzigung der Römer, sondern die (vergleichsweise) schnell zum Tode führende Steinigung. Rasche, routinemäßige Hinrichtungen widersprachen ohnehin der jüdischen Tradition. «Ein Todesurteil alle siebzig Jahre» war die rabbinische Regel.[80]

Vor allen Dingen aber war der Richter Joseph Kaiphas im Umgang mit seinen Landsleuten – anders als Pontius Pilatus – durchaus nicht «exegetisch überholt» oder überfordert. Bis zum Überdruß und bis in alle Nuancen kannte er die jüdische Aufstands-Szene. Den Unterschied zwischen einem gewalttätigen Zeloten und einem messianischen Umsturz-Prediger wie Jesus spürte er auf der Stelle.

Zugleich aber hatte der Hohepriester Joseph Kaiphas den römischen Präfekten Pontius Pilatus lebensbedrohlich im Nacken. Als Gegenleistung für die Aufrechterhaltung der «Privilegia Judaica» – einer gewissen jüdischen Autonomie – waren der Hohepriester und sein Hoher Rat dem römischen Präfekten gegenüber verantwortlich für die Wahrung des Landfriedens in Jerusalem, besonders während der alljährlichen Krisenperiode der Passah-Wallfahrt.

Nun war Pontius Pilatus eigens aus Caesarea Maritima angereist. Nervös saß der Römer in seiner Jerusalemer Burg Antonia, wie stets begierig, schon zur Abschreckung ein paar Kreuzigungen anzuordnen, anderseits mit seiner viel zu kleinen Truppe machtlos gegen einen wirklichen Volksaufstand und somit ganz darauf angewiesen, daß der Kollaborateur Joseph Kaiphas für ihn die Ruhe aufrechterhielt. Ihn würde Pilatus post festum zur Rechenschaft ziehen, an ihm sich rächen. Kaiphas wußte das.

Es sagt sehr viel aus über den Charakter Jesu Christi, daß er nach seinem Einzug in Jerusalem auf der Stelle Streit sucht – aber nicht mit dem römischen Tyrannen Pilatus, sondern mit seinem zwar andersdenkenden, aber doch geduldigen und verständigen Landsmann Joseph Kaiphas. Was die mächtigen Römer angeht, ist Jesus auch jetzt noch zu verblüffend realpolitischen, verblüffend subtilen Distinktionen fähig: «Gebt dem Kaiser, was des Kaisers ist, und Gott, was Gottes ist» (Markus 12; 17), rät er, klug wie eine Schlange, noch nach den Krawallen im Tempel. Gegen den weniger mächtigen Joseph Kaiphas aber geht er ohne Falsch los, allerdings nicht wie eine Taube, sondern wie ein brüllender Löwe.

Nicht die Autorität von Pontius Pilatus, sondern die Autorität von Joseph Kaiphas provoziert er mit seinem Rambo-Auftritt in den Vorhöfen des Tempels. Vollends jedes brüderliche Maß verliert er in der anschließenden großen Fluchpredigt: «Ihr Schlangen, ihr Otterngezücht! Wie wollt ihr der höllischen Verdammnis entrinnen?» (Matthäus 23; 31–33). Alle andersdenkenden Juden, von der Tempelobrigkeit bis zu den Pharisäern, verflucht er kollektiv mit einem siebenfachen «Wehe euch!» (Matthäus 23; 13–29).

Und das mitten in der Passah-Wallfahrt. Mitten unter hunderttausend erregten Pilgern. Dazu mit einem erregten Pontius Pilatus in der Burg Antonia. Beim besten Willen konnte sich das Joseph Kaiphas nicht länger gefallen lassen. Als die Dunkelheit hereingebrochen und kein Auflauf mehr zu befürchten war, ließ er Jesus festnehmen und in sein Haus – «in das Haus des Hohenpriesters» (Lukas 22; 54) – bringen.

6. Die letzte Versuchung Jesu

«Niemand nimmt mir das Leben,
sondern ich lasse es von mir selber.»
Johannes 10; 18

Gerichtsverhandlung also im Privathaus. Ein höchst erstaunlicher Vorgang. Verhandlungen des jüdischen
Synedriums durften nämlich nur in der Quaderhalle
des Tempels stattfinden, unmöglich im Privathaus des
Hohenpriesters. Auch durfte nur tagsüber verhandelt
werden, bei Nacht nicht. Kein Wunder, daß dem deutschen Juristen Weddig Fricke die Haare zu Berge stehen. Er spricht von einer «ganzen Serie schwerwiegender Rechtsverstöße»[81]. Fehlte, mit andern Worten, dem
jüdischen Oberrichter Kaiphas die gründliche Ausbildung eines deutschen Juristen?

In einem gewissen Sinne schon. Joseph Kaiphas war,
wie Jesus, ein Orientale, ein Meister der suggestionsreichen Vieldeutigkeit. Nein, ein formeller Prozeß ist das
nicht, so am späten Abend bei Oberrichters zu Hause.
Aber eine Vernehmung ist es schon, und zwar eine, aus
der jederzeit ein formeller Prozeß werden kann. Für
den Oberrichter ist es ja leicht möglich, die nötigen Formalitäten für einen ordentlichen Prozeß am nächsten
Morgen rasch nachzuholen. (Nach Lukas 22; 66 ist übrigens genau das nachher geschehen.)

Was Kaiphas hier tut, kommt englischen Gewohnheiten nahe. Gerade, wenn einer, der polizeilich verhört wird, besonders verdächtig scheint, heißt es von ihm erst einmal nur: «he ist helping the police». Noch wird nicht formell angeklagt, noch ist all das möglich, was in dieser Redensart, ironisch und vieldeutig, beschlossen ist: daß der Fall wohl schnell geklärt ist, wenn dieser Verdächtige sich im Verhör endlich kooperativ verhält, daß er aber auch noch immer die Chance hat, durch sein hilfreiches Mitwirken alles, so bedenklich es schon aussehen mag, zu seinen Gunsten zu wenden und sich wirklich als braver Bürger zu erweisen: «helping the police».

Etwas Ähnliches ist es, was der Oberrichter Kaiphas da in seinem Privathaus in Jerusalem veranstaltet. Der Aufruhrprediger Jesus von Nazareth ist noch nicht angeklagt, jedenfalls noch nicht formell. Aber immerhin, Jesus ist bereits «helping the police». Very much so.

Mit Joseph Kaiphas kooperieren? Warum eigentlich nicht. In seinem pragmatisch-konservativen Denken hatte der Sadduzäer Kaiphas ja nichts anderes im Sinn, als diese kritischen Tage ohne Blutvergießen hinter sich zu bringen. Nach dem Blute Jesu Christi lechzte er genauso wenig nach wie nach irgendeinem anderen Blut. Es war der Römer Pilatus, der seit Jahren eine Politik der vorsorglichen und abschreckenden Kreuzigungen betrieb, der Jude Kaiphas nicht. Im Gegenteil, Kaiphas kannte seine Mit-Juden gut genug, um zu wissen, daß präventive Hinrichtungen eher den gegenteiligen Effekt haben und den allgemeinen Aufstand erst auslösen konnten. Unvergleichlich klüger war es unter diesen Umständen, eine Problemfigur wie Jesus für die paar

Tage, auf die es ankam, ohne Aufsehen aus dem Verkehr zu ziehen.

Kaiphas wollte Jesus zur Räson bringen. Dringend wollte er ihm ans Herz legen, «a somewhat lower profile» anzunehmen, auf deutsch gesagt: sein maßlos angeschwollenes Messiasbewußtsein für ein paar Tage etwas zurückzunehmen und, am besten wohl, dem Beispiel seiner Jünger folgend, für eine Weile über alle Berge Judäas zu verschwinden. Die informelle Vernehmung im hohenpriesterlichen und höchstrichterlichen Privathaus mag dem vorbildlich strikten Rechtsbewußtsein heutiger Juristen zuwiderlaufen; aber sie war sicher die gescheiteste Maßnahme, die der Oberrichter Kaiphas ergreifen konnte, wenn er ein gewaltloses Arrangement im Auge hatte.

Und ideal war die Nacht. Beide Seiten hatten ja gleichermaßen viel zu verbergen. Joseph Kaiphas war gewiß kein Verräter; aber ein Kollaborateur war er schon. In mannigfacher Weise hing er bei den Römern drin. Jesus war gewiß kein Zelot, kein bewaffneter Aufständischer. Aber in mannigfacher Weise hing er bei den Zeloten drin. Auf dem Weg von Nazareth nach Magdala und Kapharnaum hatte Jesus oft das Taubental durchwandert; oben in den Felsen, links und rechts, sind heute noch die vielen Höhlen zu sehen, in denen sich zur Zeit Jesu die Zeloten vor den Römern versteckten. Undenkbar, daß Jesus sie nicht getroffen, nicht mit ihnen geredet und mit ihnen in ihren Räubernestern zusammengesessen hat. Von seinen eigenen Jüngern waren mit Sicherheit Judas, Jakobus und dessen Bruder Johannes Zeloten, vermutlich auch die Brüder Andreas und Petrus.[82] Es war wohl kein gewaltiges Schwert, sondern nur der typische «Dolch im Gewande» jüdischer

Zeloten, womit Petrus dem Knecht des Malchus in Gethsemane ein Ohr absäbelte.

Spiritueller Kollaborateur der Römer der eine, spiritueller Kollaborateur der Aufständischen der andere. Aber beides Juden. Beides Patrioten. Jesus wollte die Befreiung der Juden durch einen messianischen Umsturz herbeipredigen; Joseph Kaiphas wollte durch Erfüllungspolitik den realen Rest jüdischer Freiheit, die «Privilegia Judaica» retten. Zwei ungleiche Patrioten. Bei Tag war ein Gespräch zwischen ihnen kaum möglich. Bei Nacht wohl.

Wie sehr in diesem Augenblick alles noch offen war, zeigt allein schon das Verhalten Petri. Wäre nämlich das Schicksal Jesu mit der Verhaftung bereits besiegelt gewesen, niemals wäre Petrus, der Wankelmütige, ihm «bis hinein in den Hof des Hohenpriesters» (Matthäus 26; 58) gefolgt, hätte sich dort gar, die Hände überm Feuer wärmend, vertraulich zur Magd gesetzt. Nein, Petrus wollte offenkundig wissen, was da herauskäme. Und da er, anders als Jesus, pragmatische Vernunft besaß, konnte er sich vorstellen, was da herauskommen könnte. Wahrscheinlich stellte sich Petrus etwas Ähnliches vor wie Kaiphas: «Herr, schone dein selbst!» (Matthäus 16; 22).

Das Haus des Kaiphas hatte ja nicht umsonst eine hintere Tür. To help Joseph Kaiphas, hätte Jesus nur durch ebendiese Hintertür bei Nacht und Nebel zu verschwinden brauchen. Zusammen mit dem getreuen, ahnungsvoll wartenden Petrus. Nichts wie weg aus Jerusalem. Heim nach Galiläa. «Sein selbst schonend», für ein paar Tage nur. Bis die Situation vorbei war. Das war alles, was Joseph Kaiphas dringend von ihm brauchte, worauf Petrus dringend hoffte.

Abhauen. Fliehen. Sich in Sicherheit bringen. Wie das fast alle Jünger Jesu tun werden, einer sogar, nach Markus, splitternackt: «Und ein Jüngling folgte ihm, der nur bekleidet war mit einem linnenen Tuch auf dem nackten Leib. Und sie faßten ihn. Da ließ er das Tuch fahren und floh nackt» (Markus 14; 51–52). Ich hätte das an seiner Stelle auch getan. Kein Geringerer als Thomas von Aquin hat die humane Ansicht vertreten, wo die Schwierigkeiten zu groß würden, da könne es moralisch geboten sein, aufzugeben und zurückzuweichen.[83] Warum handelt Jesus entgegen dieser sittlichen Pflicht?

Schon im Garten Gethsemane ist sein Verhalten, um bei Thomas von Aquin zu bleiben, nicht gesund und nicht normal. Im Unterschied zu seinen ahnungslosen Jüngern ahnt Jesus selber nämlich sehr wohl, was ihm droht. Jeden Augenblick kommt, auf deutsch gesagt, die Polizei. Also abhauen, und zwar «euthys» (sofort, sogleich, stracks, augenblicklich)!

Was aber tut Jesus? Er, der sonst so schnell unterwegs ist, kniet nieder und fängt an, Zeit zu vergeuden: «Mein Vater, dir ist alles möglich. Laß diesen Kelch an mir vorübergehen. Doch nicht, was ich will, sondern was du willst, geschehe!» (Markus 14; 36).

Das klingt nach vollkommenem Gehorsam. Nach beispielhafter Ergebung in den Willen Gottes. Es ist in Wirklichkeit das schiere Gegenteil. Jesus tut, was unzählige Beter in seiner Nachfolge tun werden. Er erpreßt den Allmächtigen, er bringt ihn in einen metaphysischen Zugzwang: Entweder kommst du mir, Vater, sofort (sogleich, stracks, augenblicklich) zu Hilfe – oder du bist schuld an all dem Leiden, das mir bevorsteht. Vorweggenommen in dem scheinbar gottergebenen

Gebet von Gethsemane ist so bereits die vermessene Anklage, die der Gekreuzigte keine vierundzwanzig Stunden danach Gott entgegenschleudern wird: «Und in der neunten Stunde schrie Jesus mit gewaltiger Stimme: ‹Eloi, Eloi, lama sabachtani?› Das heißt übersetzt: ‹Mein Gott, mein Gott, warum hast du mich im Stich gelassen?›» (Markus 15; 34).

Es geht mir nicht etwa darum, der Passion eines sterbenden Menschen am Kreuz die Achtung zu versagen, gar das Mitgefühl. Es läßt sich auch nicht leugnen, daß Gott manchmal Menschen in unbegreiflicher Weise im Stich läßt. Wahr bleibt dennoch, daß Jesus mit der furchtbaren Anklage auf Golgatha seinem Schöpfer in furchtbarer Weise Unrecht tut. Dieser allmächtige Gott hat Jesus zur rechten Zeit alles gegeben, was er brauchte, um sich zu retten.

Er brauchte dazu seinen Verstand und seine zwei Beine. Gethsemane liegt ja schon außerhalb der Stadtmauern von Jerusalem. Gleich dahinter beginnen, heute noch eine sichere Zuflucht in der Nacht, die Hügel der judäischen Walachei. Weg! Im Namen Gottes, der dem Menschen Beine gegeben hat, nichts wie weg!

Aber nein, er betet. Immer weiter betet er «Mein Vater, dir ist alles möglich», so lange, bis die Polizei kommt und die stundenlang mögliche Flucht endgültig versäumt ist. Doch das wäre noch eine andere Chance. So im dunklen Hain von Gethsemane draußen vor den Toren der Stadt hat die Polizei sicher auch Angst. Warum ihr nicht noch ein bißchen mehr Angst machen? Damit *die Polizei* abhaut. Petrus, sonst nicht der Mutigste, hat diese etwas außerhalb der Legalität liegende, aber keineswegs unsympathische Idee. Vergeblich. Jesus fällt Petrus in den Arm: «Oder dünkt dir», sagt er zu ihm, «daß ich nicht die Kraft habe, meinen Vater zu bitten, daß er mir sofort zwölf Legionen Engel schickt?» (Matthäus 26; 53). Das ist eine Eingreiftruppe von 80 000 Mann.

Halten wir uns nicht lange auf bei der schon bemerkenswerten Tatsache, daß der Himmel Jesu Christi militärisch gegliedert ist. Wichtiger ist, daß alles, was er sagt und tut, bis ans Kreuz dem gleichen Muster folgt: Statt der kleinen, bescheidenen, rettenden – und real möglichen – Tat die große, irreale Allmachtsphantasie, diesmal «zwölf Legionen Engel». In dieser bedenklichen Geistesverfassung wird Jesus gefangengenommen und ins Haus des Hohenpriesters Joseph Kaiphas gebracht.

Die Lage ist jetzt nicht mehr sehr komfortabel. Drinnen im Hause sieht sich Jesus nämlich nicht von einer begeistert johlenden Meute von Halbwüchsigen («Kindern») umgeben, sondern von einer Handvoll schwer verärgerter alter Männer.

Es sind genau jene Männer, die er ein paar Stunden zuvor, erinnern wir uns, vor seinem neuesten, halbwüchsigen Anhang als Satansdiener verflucht hat: «Ihr Schlangen, ihr Otterngezücht! Wie wollt ihr der höllischen Verdammnis entrinnen?» (Matthäus 23; 33). Jetzt ist er in ihrer Hand. Ist es ihnen zu verargen, daß sie ihm nun ihrerseits ein paar unangenehme Wahrheiten ins Gesicht sagen möchten?

Für wen er sich denn eigentlich halte? Was er sich nur einbilde? Was für ein gemeingefährliches Benehmen er sich anmaße? Was für einen provokatorischen Unsinn er daherpredige mitten in Jerusalem? Ob ihm, mit dreißig, Gott noch immer nicht mehr Verstand gegeben habe?

Was über Jesus zusammenschlug im Haus des Kaiphas, war jene Flut von Vorwürfen, Unterstellungen,
Drohungen, mit denen man sich bei nächtlichen Gesprächen dieser Art zu aller Zeit überschüttet hat – jedoch nur, um sich dann doch, unter Landsleuten, langsam, unmerklich näherzukommen. Bis es am Älteren
ist, den Ton zu senken, sich hinüberzubeugen zum Jüngeren und jenen Satz zu sagen, aus dem noch immer die
Anklage zu hören ist, aber doch auch schon die Bereit-
schaft zur Nachsicht, zum Einvernehmen: «Das kannst
du doch nicht machen!»

Eins freilich war damals so wie heute: Damit ein
Gespräch dieser Art sich zum Guten wende, damit
Drohung und Anklage sich wenden zum heimlichen
Einverständnis und zum pragmatischen Kompromiß,
bedarf es beiderseits eines ersten, unabdingbaren Zuge-
ständnisses. Beide müssen zu erkennen geben, daß sie
letzten Endes miteinander reden wollen. Ohne dieses
allererste Zugeständnis kommt nichts in Gang. Jesus
verweigert es: «Er aber schwieg und antwortete nichts»
(Markus 14; 61).

Durch alle vier Evangelien ist zu spüren, welche
Mühe sich Joseph Kaiphas gab, seinen Gefangenen
zum Reden zu bringen. Nichts half. Jesus war nicht bereit, mit sich reden zu lassen. Und als er endlich, be-
drängt mit Fragen nach seinem messianischen An-
spruch, doch den Mund auftat, da setzte kein Gespräch
ein, sondern eine egomane Proklamation: «Ich bin's.
Und ihr werdet sehen des Menschen Sohn sitzend zur
Rechten der Kraft und kommend auf den Wolken des
Himmels» (Markus 14; 62). Das Wort «Wolken» ist in
diesem Zusammenhang wohl nicht zufällig ins Pro-
gramm Jesu geraten. Lieber eine phantasierte Allmacht

in den Wolken als ein rettender kleiner Kompromiß auf Erden.

Zu dieser späten Stunde riß dem Hohenpriester der endlos strapazierte Faden der Geduld. Markus drückt es biblisch aus: «Da zerriß der Hohepriester seinen Rock und sprach: ‹Was bedürfen wir weiterer Zeugen?›» (Markus 14; 63).

Kaiphas war ein Mann mit politischem Augenmaß. Aber ein Apostel der Nächstenliebe war er nicht. Aus politischem Kalkül hätte er den Fall Jesu lieber ohne Aufsehen und ohne Blutvergießen aus der Welt geschafft. Jetzt aber gewann im Hohen Rat die Angst vor einem nationalen Desaster die Oberhand; man war jetzt entschlossen, auf jeden Fall etwas Vorbeugendes zu tun: «Lassen wir ihn so weitermachen, so werden alle an ihn glauben; und dann kommen die Römer und nehmen uns Land und Leute» (Johannes 11; 48). Wie begründet diese Angst war, zeigt, nur eine Generation später, die grausame Niederschlagung der jüdischen Aufstände durch die Römer, die Zerstörung Jerusalems im Jahre 70. Gemessen an dieser unmittelbar drohenden Gefahr für das ganze Volk schien dem Hohen Rat das individuelle Schicksal eines eschatologisch überdrehten Erweckungsapostels aus Galiläa sekundär.

Sagen wir es so: Jesus von Nazareth war, im klassischen Sinne Max Webers, ein Charismatiker.[84] Von ihrem ganzen Charakter her sind Charismatiker ungleich stärker gefährdet als andere Menschen. Schicksalhaft drängt ihre Seele sie zur (posthumen) Größe durch (vermeidbare) Katastrophe. Sie von dieser Passion abzuhalten, ist kaum möglich; vielleicht ist es auch nicht das richtige.

Aber etwas anderes ist möglich und richtig. Es muß verhindert werden, daß solche Menschen ganze Völker mit hineinziehen in den selbstgewählten Untergang. «Einer aber unter ihnen, Kaiphas, der Hohepriester jenes Jahres, sagte zu ihnen: ‹Ihr wisset nichts, bedenket auch nichts. Besser, Ein Mensch stirbt für das Volk, als daß das ganze Volk umkommt›» (Johannes 11; 49–50). Aus politischer und religiöser Verantwortung fällte Kaiphas die Entscheidung, Jesus den Römern zu übergeben und damit dem furchtbaren Tod am Kreuz.

Ich hätte gleich geurteilt wie Joseph Kaiphas und gleich gehandelt. Auch ich hätte Jesus gekreuzigt.

Schluß:

Gott ja, Jesus nein

«Es gibt keinen Mittler, wo einer allein
ist. Gott aber ist einer allein.»
Paulus an die Galater 3; 20

Personenkult macht dumm. Personenkult macht cha-
rakterlos. Personenkult macht kindisch. Auf allen Le-
bensgebieten. Jedoch nicht überall in gleichem Maß.
Die schlimmsten Folgen hat Personenkult in der Religion.
Dies ist der Bereich innerster Freiheit und Souveräni-
tät. Daß sich in diesen innersten Bezirk meiner Seele ein
anderer Mensch als «Heiland» einmischt, als «Erlöser», als «Libertador», als «Mittler», als «Menschensohn», als «Messias», als «Christus», als «Sohn Gottes», vielleicht sogar als «zweite Person Gottes», daß er
für diese Zumutung auch noch ein absolutes Monopol
beansprucht – «niemand kommt zum Vater als durch
mich» (Johannes 14; 6, vgl. Matthäus 11; 27) –, ja daß er
mir droht, mich «hinabzustoßen bis in die Hölle» (Matthäus 11; 23), wenn ich mich nicht «sofort, sogleich,
stracks, augenblicklich» ihm unterwerfe als alleinselig-
machendem Vorbild und totalem Modell, dies ist ekel-
haft und unerträglich.

Ich erinnere mich, wie ich als junger Mönch in der Kirche kniete, es war an einem Wintermorgen früh um sechs. Ich wollte meine Seele Jesus öffnen. doch so sehr ich wollte, meine Seele wollte nicht. Ein Unbehagen kroch mir den Rücken hoch, langsam nur, jedoch nicht abzuschütteln und endlich sich klärend zum Gedanken: Wie viele Menschen sind es eigentlich, die gerade jetzt, in diesem selben Augenblick wie ich, ebenfalls ihre Seele Jesus öffnen?

Es gab damals, zu Beginn der sechziger Jahre, etwa eine Milliarde Christen. War es auch nur einer von tausend, so mußten es insgesamt etwa eine Million Seelen sein, die sich alle zusammen im selben Augenblick Jesus öffneten. Mit allen Nöten ihres Herzens. Mit allen Nöten ihres Portemonnaies. Mit allen Nöten ihres Unterleibs. Und das im unerschöpflichen Detail.

Mir grauste.

Schon im zwischenmenschlichen Alltag bemißt sich der Wert einer Person nach ihrer Abneigung gegen beliebige Familiarität, gegen hemmungslose Zudringlichkeit. Nach ihrem Bedürfnis, Abstand zu wahren. Beim ewigen, allmächtigen Gott heißt dieses Bedürfnis nach Abstand Heiligkeit. «Kein Mensch schaut mich und bleibt am Leben» (2. Moses 33; 20). Dies ist ein göttliches Geheimnis, das die Mystiker aller Religionen in den Bann gezogen hat: Der Ewige hält derart Abstand von uns, daß er frei bleibt von uns und wir frei werden von ihm.

Das ist auch der Grund, warum Atheisten meist erwachsenere, freiere und selbständigere Menschen sind als Gläubige. Atheisten gehen ja in ihrer Lebensanschauung aus von der zutreffenden Wahrnehmung, daß Gott «nicht da» ist. Er ist in der Tat nicht da. Und keine fromme Beschwörung zwingt ihn herbei. Denn er ist heilig. Gesunde Religiosität beginnt mit etwas, was dem Atheismus psychologisch viel näher verwandt ist als der Jesulatrie: mit dem Sinn für Gottes Transzendenz.

Gibt es etwas Gottloseres als einen Mittler, der alle Distanzlosigkeit der Menschheit auf sich zieht, alle Aufdringlichkeiten, alle Unappetitlichkeiten? Und der in diese Rolle von niemandem gedrängt wurde, der sich vielmehr selbst der gesamten Menschheit aufdrängt, mal messianisch aggressiv: «Folge mir!» (Markus 2; 14), mal jesuanisch seicht: «Kommet alle zu mir, die ihr mühselig und beladen seid, ich will euch erquicken» (Matthäus 11; 28).

Beherrschung unter dem Vorwand der Betreuung, Belästigung unter dem Vorwand des Mitleids, Einmischung ins Innerste unter dem Vorwand der Nächstenliebe – das ist der Alltag der Kirche. Und die Kirche ist nicht etwa so, weil sie Jesus verraten hätte. Jesus selber war schon so. Wer schamlos genug ist, distanzlos genug, Gott mit «Papi» («Abba») anzusprechen, der ist auch im Umgang mit Menschen zu jeder Grenzüberschreitung bereit.

Der Personenkult um Jesus verletzt die Heiligkeit Gottes. Und er ist nicht männlich. Das hängt damit zusammen.

Franz Alt hat Jesus als den «ersten neuen Mann» gefeiert, ja als den «männlichen Mann»[85]. Unter Männlichkeit versteht er, Jesus nachzufolgen. Ich verstehe darunter das Gegenteil.

Männlichkeit besteht darin, daß einer keinem andern folgt. Daß er sich von keinem andern erquicken läßt. Daß er allein mit seinem Leben fertig wird. Daß er keinen andern ranläßt an seine Seele und – das hängt in der Religion zusammen – an sein Portemonnaie.

Wohl darf ein Bub mit seinen Sorgen zu den Eltern kommen. Wird er aber älter, so gehört zu solcher Vertraulichkeit die Scham. Diese Scham soll mit den Jahren wachsen. Weil ein Mann dann erwachsen ist, wenn er gelernt hat, seine Dinge allein zu verantworten und mit seiner Seele selbst zurechtzukommen. Gemäß der Mahnung des heiligen Thomas von Aquin, daß die schlimmste aller Depressionen («acedia») dem droht, dessen Seele «sich ergießt» aus «ihrer festen Burg».[86]

Meine Vorväter katholischerseits waren oberschwäbische Bauern. In ihrer kleinen barocken Dorfkirche war es jeden Sonntag das gleiche. Oben auf der Kanzel stand der Priester: «Geliebte im Herrn! Bezeichnet euch mit dem Zeichen des heiligen Kreuzes und vernehmet mit Andacht die Worte des heutigen Sonntagsevangeliums: In jener Zeit sprach Jesus zu seinen Jüngern...»

Unter der Kanzel die ganze linke Hälfte der Kirche gerammelt voll von Frauen und Kindern. Andächtig hörten sie zu. Die rechte Hälfte der Kirche aber war gähnend leer. Unter den «Geliebten im Herrn» war kein einziger Mann. Während Frauen und Kinder sich von Jesus erquicken ließen, saßen die Männer alle drüben in der Wirtschaft und erquickten sich bei einem Glas Bier. Erst wenn der Pfarrer fertig war mit der Botschaft Jesu, erst dann, wenn nichts anderes mehr zu hören war als lateinische Unverständlichkeiten, dann erst kamen auch die Männer aus der Wirtschaft herüber in die Kirche. Um Gott die Ehre zu erweisen.

Gnade der frühen Geburt: Ich habe die Szene noch selber erlebt und kann bezeugen, daß, während der Pfarrer den Frauen und Kindern Erquickendes von Jesus erzählte, drüben in der Wirtschaft durchaus nicht die Gottlosigkeit herrschte. Im Gegenteil. Feiertäglich saßen meine Väter dort zusammen. In christlicher Verantwortung besprachen sie die Angelegenheiten des Dorfes. In christlicher Heiterkeit genossen sie den Sonntag. Nur zu Jesus hielten sie lieber Distanz. Physische Distanz. Distanz zu ihm und den Seinen.

Das Evangelium drüben in der Kirche? Dieses «Kommet alle zu mir, die ihr mühselig und beladen seid»? Dieses intime Gefummel in der seufzenden und leidenden Seele? Das war, so dachten sie, das richtige für die drei andern Geschlechter, für Priester, für Frauen und für Kinder. Aber nicht für einen Mann.

Welch königliches Gefühl für einen Jungen, wenn er zum ersten Mal am Sonntagmorgen nicht mehr «wie die Kinder» (Matthäus 18; 3) zu Jesus mußte. Wenn er mit dem Vater in die Wirtschaft durfte. Dann war er ein Mann.

Wer nicht mehr selbst erlebt hat, wie es einstens zuging in oberschwäbischen Dorfkirchen, der achte doch ganz einfach heute, im Büro, in der Werkstatt, auf die instinktive Reaktion des gewöhnlichen Mannes, wenn der Name «Jesus» fällt. Es ist ein ganz leichtes, nachsichtiges, aber verächtliches Grinsen. Wem das nicht genügt, der achte darauf, wie die kleine Minderheit von Männern, die an Jesus glauben, über ihn reden. Wenn irgend möglich sagen sie nicht «Jesus», sondern «Christus». Nicht, weil sie den theologischen Unterschied zwischen dem Namen ihres Erlösers und seinem Titel kennen. Sondern weil «Christus» ein bißchen weniger unmännlich klingt.

Das Jugendalter hat religiöse Schwierigkeiten eigener Art. In einer fast ausweglosen Situation hat mir nichts anderes geholfen als dieser archaische Instinkt:

Es ist nicht männlich, sich von einem andern erquicken, führen und erlösen zu lassen. Los von Jesus!

Andere mögen von Autonomie sprechen, von Selbstbestimmung, von Unabhängigkeit oder von Freiheit. Ich habe nichts dagegen. Aber ich selber sage lieber Männlichkeit. Und so wenig wie meine Väter damals muß ich lange herumrätseln, was das sein könnte, eine gesunde, eigenwillige und erwachsene Religiosität. Dafür gibt es eine goldene Regel.

Der heilige Filippo Neri wurde einmal gefragt, wie er es denn geschafft habe, ein so großer Heiliger zu werden. «Ganz einfach», gab er zur Antwort, «ich überlege mir in jeder Lebenslage, was jetzt der heilige Ignatius von Loyola täte. Und dann tue ich das Gegenteil.»[87]

Man frage sich in jeder Lebenslage, was jetzt Jesus täte. Und dann tue man das Gegenteil.

1. Gebot:
Dränge dich nicht zu Gott,
sprich ihn niemals mit «Papi» an und
fühle dich nicht als sein Sohn.

2. Gebot:
Wenn einer zu dir kommt und sagt:
«Ich bin dein Erlöser, folge mir!»,
so folge ihm nicht.

3. Gebot:
Wenn einer zu dir kommt und sagt:
«Ich bin die Auferstehung und das Leben»,
so glaube ihm nicht.
Gott bereitet dir nicht nur das Leben,
sondern auch den Tod.

4. Gebot:
Vor Frauen
spiele dich niemals als Erlöser auf
und lebe nicht auf ihre Kosten.

5. Gebot:
Drücke dich nicht vor der Arbeit
und schweife nicht unter religiösen Vorwänden
im Lande herum.

6. Gebot:
Laß keinen an dein Portemonnaie heran,
auch nicht unter den schönsten
Vorwänden der Nächstenliebe.

7. Gebot:
Liebe deine Feinde nicht,
sondern wehre dich gegen sie.

8. Gebot:
Verfluche deine Feinde nicht,
wie Jesus sie verflucht hat.
Gott liebt sie
vielleicht mehr als dich.

9. Gebot:
Predige nicht den Weltuntergang.
Hilf ihn abwenden.

10. Gebot:
Dränge dich nicht ans Kreuz.
Suche nicht die Größe in der Tragödie.
Sei glücklich und stirb lebenssatt.

Literatur zum Thema

Alt, Franz: Jesus. Der erste neue Mann. München 1989

Augstein, Rudolf: Jesus Menschensohn. München 1972

Ben-Chorin, Schalom: Bruder Jesus. Der Nazarener in jüdischer Sicht. München 1988

Ben-Chorin, Schalom: Mutter Mirjam. Maria in jüdischer Sicht. München 1982

Ben-Chorin, Schalom: Paulus. Der Völkerapostel in jüdischer Sicht. München 1988

Blank, Josef u. a.: Der Prozeß Jesu. Historische Rückfrage und theologische Deutung. Freiburg 1988

Bornkamm, Günther: Jesus von Nazareth. Stuttgart 1965

Bultmann, Rudolf: Jesus. Tübingen 1983

Cohn (Cohen), Chaim: The Trial and Death of Jesus. New York 1971

Daly, Mary: Kirche, Frau und Sexus. Olten 1970

Dautzenberg, Gerhard u. a. (Hg.): Die Frau im Urchristentum. Freiburg 1983

Deschner, Karlheinz: Jesusbilder in theologischer Sicht. München 1966

Drewermann, Eugen: Kleriker. Psychogramm eines Ideals. Olten 1989

Flusser, David: Die letzten Tage Jesu in Jerusalem. Das Passionsgeschehen aus jüdischer Sicht. Stuttgart 1982

Flusser, David: Jesus. In Selbstzeugnissen und Bilddokumenten. Reinbek 1987

Fricke, Weddig: Standrechtlich gekreuzigt. Person und Prozeß des Jesus aus Galiläa. Reinbek 1988

Grant, Michael: Jesus. Leben und Werk des Jesus von Nazareth. Bergisch Gladbach 1987

Hark, Helmut: Jesus der Heiler. Vom Sinn der Krankheit. Olten 1988

Hochgrebe, Volker/Pilters, Michaela (Hg.): Geteilter Schmerz der Unterdrückung. Frauenbefreiung im Christentum? Stuttgart 1984

Jones, Ernest: Probleme der Religionspsychologie. Frankfurt 1970

Josephus, Flavius: Geschichte des Jüdischen Krieges. Übersetzt von Heinrich Clementz. Wiesbaden 1988

Literatur zum Thema

Josephus, Flavius: Jüdische Altertümer. Übersetzt von Heinrich Clementz. Wiesbaden 1989

Kodalle, Klaus-M.: Unbehagen an Jesus. Eine Herausforderung der Psychoanalyse an die Theologie. Olten 1978

Lange-Eichbaum, Wilhelm / Kurth, Wolfram: Das Problem Jesus. In: Genie, Irrsinn und Ruhm. Genie-Mythus und Pathographie des Genies. München 1967

Nestle, Eberhard / Nestle Erwin (Hg.): Novum Testamentum Graece et Latine. Stuttgart 1954

Lapide, Pinchas: Er predigte in ihren Synagogen. Jüdische Evangelienauslegung. Gütersloh 1987

Lapide, Pinchas: Er wandelte nicht auf dem Meer. Ein jüdischer Theologe liest die Evangelien. Gütersloh 1986

Lapide, Pinchas: Ist die Bibel richtig übersetzt? Gütersloh 1987

Lapide, Pinchas: Warum kommt er nicht? Jüdische Evangelienauslegung. Gütersloh 1988

Lapide, Pinchas: Wer war schuld an Jesu Tod? Gütersloh 1987

Mayer, Anton: Der zensierte Jesus. Soziologie des Neuen Testaments. Olten 1983

Moltmann-Wendel, Elisabeth: Ein eigener Mensch werden. Frauen um Jesus. Gütersloh 1987

Prause, Gerhard: Die kleine Welt des Jesus Christus. Was Theologen, Philologen, Historiker und Archäologen erforschten. Frankfurt 1985

Reimarus, Hermann Samuel: Apologie oder Schutzschrift für die vernünftigen Verehrer Gottes. 2 Bände. Hg. von Alexander, Gerhard. Frankfurt am Main 1972. Zuerst veröffentlicht von Gotthold Ephraim Lessing als: Fragmente eines Wolfenbüttelschen Unbekannten. Berlin 1774–1778

Rey, Karl Guido: Das Mutterbild des Priesters. Zürich 1969

Schillebeeckx, Edward: Jesus. Die Geschichte von einem Lebenden. Freiburg 1975

Schweitzer, Albert: Geschichte der Leben-Jesu-Forschung. Tübingen 1951 (erstmals 1906)

Schweitzer, Albert: Die psychiatrische Beurteilung Jesu. Darstellung und Kritik. Tübingen 1913

Strauß, David Friedrich: Das Leben Jesu, kritisch bearbeitet. 2 Bände, Tübingen 1835

Winter, Paul: On the Trial of Jesus. Berlin 1961

Wolff, Hanna: Jesus der Mann. Die Gestalt Jesu in tiefenpsychologischer Sicht. Stuttgart 1990

Anmerkungen

Einführung: Jesus, Jesus, warum verfolge ich dich?

1 Zitiert bei Eike Christian Hirsch: Vorsicht auf der Himmelsleiter. Auskünfte in Glaubensfragen. Hamburg 1987, S. 101.
2 Alt, Franz: Jesus – der erste neue Mann. München 1989, S. 15.
3 Daly, Mary: Kirche, Frau und Sexus. Olten 1970, S. 44.
4 Moltmann-Wendel, Elisabeth: Ein eigener Mensch werden. Frauen um Jesus. Gütersloh 1987, S. 106.
5 Drewermann, Eugen: «An ihren Früchten werdet ihr sie erkennen». Olten 1988, S. 60.
6 Drewermann, Eugen: a. a. O., S. 59.
7 Thiele, Johannes (Hg.): Glück. Das Buch der schönen Augenblicke. Stuttgart 1987, S. 140.
8 Toynbee, Arnold (Hg.): The Crucible of Christianity. London 1969, S. 223.
9 Schweitzer, Albert: Geschichte der Leben-Jesu-Forschung. Tübingen 1951, S. 6.
10 Schweitzer, Albert: a. a. O., S. 2.
11 Zitiert von Schweitzer, a. a. O., S. 17.

1. Teil: Jesus war ein Gottesmann von gottloser Art

12 Mayer, Anton: Der zensierte Jesus. Soziologie des Neuen Testaments. Gütersloh 1983, S. 136.
13 Ben-Chorin, Schalom: Bruder Jesus. München 1988, S. 184 f.
14 Vergessen sei für einmal das allgegenwärtige israelische Militär.
15 Sebastian C. Brant: Der Ort der Wahrheit. In: «Merian»: Sahara. Hamburg 1985, S. 64.
16 Sebastian C. Brant: ebenda.
17 Karlheinz Deschner: Das Kreuz mit der Kirche. Eine Sexualgeschichte des Christentums. Düsseldorf 1974, S. 89.
18 Bizer, Peter und Koesters, Paul Heinz: Wer glaubt, der fliegt. In: Nannen, Henri (Hg.): Die himmlischen Verführer. Sekten in Deutschland. Hamburg 1979, S. 49.

Anmerkungen

19 Flusser, David: Jesus. Hamburg 1987, S. 35.

20 Ben-Chorin, Schalom: Bruder Jesus. München 1988, S. 103 ff.

21 Angelus Silesius: Dich auftun wie die Rose. Einsiedeln 1954, S. 7.

22 Besonders eindrucksvoll verknäuelt: Pixner, Bargil: Galiläa zur Zeitenwende. Die Heimat Jesu. Eine historische Karte. Verbesserte Auflage. Rosh Pina 1986.

23 Ben-Chorin, Schalom: Paulus. München 1988, S. 67.

24 Eschatologie ist die Lehre vom Endschicksal des einzelnen Menschen und der Welt. Mehr zu diesem Begriff bei Schweitzer, Albert: Die psychiatrische Beurteilung Jesu. Tübingen 1913, S. 18 f.

25 Edward Schillebeeckx bringt die «eschatologische Naherwartung» auf den Satz: «Jetzt ist es genug; die Welt muß endgültig und radikal verändert werden!» Schillebeeckx, Edward: Jesus. Freiburg 1975, S. 16.

26 Prause, Gerhard: Die kleine Welt des Jesus Christus. Frankfurt a. M. 1985, S. 36.

27 Lapide, Pinchas: Warum kommt er nicht? Gütersloh 1988, S. 102.

28 Dazu u. a. Grant, Michael: Jesus. Bergisch Gladbach 1987, S. 129.

29 Vgl. Anm. 12.

30 Moralia 31, c. 45.

31 Bultmann, Rudolf: Jesus Christus und die Mythologie. Gütersloh 1984, S. 11 ff.

32 Hark, Helmut: Jesus der Heiler. Olten 1988, S. 104.

33 Grant, Michael: a. a. O., S. 51.

34 Grant, Michael: a. a. O., S. 58.

35 Ebenda.

36 Voigt, Georg: Johannes von Capistrano, ein Heiliger des 15. Jahrhunderts. In: Historische Zeitschrift. München 1859 ff., Band X, S. 55.

37 Siehe Zander, Hans Conrad: Filippo Neri. Die Lust, fromm zu sein. In: Die emanzipierte Nonne. Stuttgart 1990, S. 13–24.

38 Ben-Chorin, Schalom: Bruder Jesus. München 1988, S. 66.

2. Teil: Jesus von Nazareth c/o Maria Magdalena

39 Mayer, Anton: Der zensierte Jesus. Soziologie des Neuen Testaments. Gütersloh 1983, S. 225.
40 Deschner, Karlheinz: a. a. O., S. 66.
41 Deschner, Karlheinz: a. a. O., S. 64.
42 Daly, Mary: a. a. O., S. 48.
43 Alt, Franz: Jesus – der erste neue Mann. München 1989, S. 26.
44 Zitiert nach Moltmann-Wendel, Elisabeth: a. a. O., S. 94.
45 Ansprache vom 10. 9. 1978. Zitiert aus: Hochgrebe, Volker; Pilters, Michaela (Hg.): Geteilter Schmerz der Unterdrückung. Frauenbefreiung im Christentum? Stuttgart 1984, S. 78.
46 Daly, Mary: a. a. O., S. 105.
47 Ben-Chorin, Schalom: Bruder Jesus. München 1988, S. 114.
48 «Ut, dum visibiliter Deum cognoscimus, per hunc in invisibilium amorem rapiamur.»
49 Lange-Eichbaum, Wilhelm/Kurth, Wolfram: Das Problem Jesus. In: Genie, Irrsinn und Ruhm. München 1967, S. 410.
50 Lange-Eichbaum: ebenda.
51 Moltmann-Wendel, Elisabeth: a. a. O., S. 71.
52 Moltmann-Wendel, Elisabeth: a. a. O., S. 31.
53 Dazu Flusser, David: a. a. O., S. 22.
54 Moltmann-Wendel, Elisabeth: a. a. O., S. 100.
55 Laurentius von Schnüffis ist der Verfasser dieses katholischen Kirchenliedes (1692).
56 Mayer, Anton: a. a. O., S. 24.
57 Mayer, Anton: ebenda.
58 Ben-Chorin, Schalom: Mutter Mirjam. München 1982, S. 86.
59 Lapide, Pinchas: a. a. O., S. 99–101.
60 Ben-Chorin, Schalom: Mutter Mirjam. München 1982, S. 63.
61 Kessels, Johannes: Joseph, Nährvater Jesu. In: Lexikon für Theologie und Kirche. Freiburg 1960, Spalte 1129.
62 Rey, Karl Guido: Das Mutterbild des Priesters. Zürich 1969, S. 109.
63 Drewermann, Eugen: Kleriker. Psychogramm eines Ideals. Olten 1989, S. 27.
64 Moltmann-Wendel, Elisabeth: a. a. O., S. 95.
65 Zitiert nach Schweitzer, Albert: Geschichte der Leben-Jesu-Forschung. Tübingen 1951, S. 21.

Anmerkungen

3. Teil: Auch ich hätte Jesus gekreuzigt

66 Cohn (Cohen), Chaim: The Trial and Death of Jesus. New York 1971.

67 Lapide, Pinchas: Wer war schuld an Jesu Tod? Gütersloh 1987, S. 67.

68 Flusser, David: Jesus. Hamburg 1987, S. 141, Anm. 223.

69 Lapide, Pinchas: ebenda.

70 Flavius, Josephus: Jüdische Altertümer, XVII. 10, 8.

71 Zu diesem Begriff siehe Schillebeeckx, Edward: Jesus. Freiburg 1975, S. 22.

72 Fricke, Weddig: Standrechtlich gekreuzigt. Reinbek 1988, S. 171.

73 Ben-Chorin, Schalom: Bruder Jesus. München 1988, S. 103 ff.

74 Zitiert nach Schweitzer, Albert: Geschichte der Leben-Jesu-Forschung. Tübingen 1951, S. 351.

75 Jones, Ernest: Probleme der Religionspsychologie. Frankfurt a. M. 1970, S. 16.

76 Jones, Ernest: a. a. O., S. 17.

77 Zu diesem Begriff: Schweitzer, Albert: Die psychiatrische Beurteilung Jesu. Tübingen 1913, S. 20 ff.

78 Grant, Michael: Jesus. Bergisch Gladbach 1987, S. 186 ff.

79 Lapide, Pinchas: Wer war schuld an Jesu Tod? Gütersloh 1987, S. 73.

80 Fricke, Weddig: a. a. O., S. 202 und S. 321, Anm. 17.

81 Fricke, Weddig: a. a. O., S. 204.

82 Fricke, Weddig: a. a. O., S. 253 ff.

83 Summa Theologica II–II 138, 2 ad 2: «Pertinax... inordinate persistit in aliquo contra multas difficultates.»

84 Diese klassische Definition lautet: «Charisma soll eine als außeralltäglich (ursprünglich, sowohl bei Propheten wie bei therapeutischen wie bei Rechts-Weisen wie bei Jagdführern wie bei Kriegshelden: als magisch bedingt) geltende Qualität einer Persönlichkeit heißen, um derentwillen sie als mit übernatürlichen oder übermenschlichen oder mindestens spezifisch außeralltäglichen, nicht jedem anderen zugänglichen Kräften oder Eigenschaften begabt oder als gottgesandt oder als vorbildlich und deshalb als ‹Führer› gewertet wird» (Weber, Max: Wirtschaft und Gesellschaft. Köln 1964, Band I, S. 179).

Schluß: Gott ja, Jesus nein

85 Alt, Franz: a. a. O., S. 90.
86 Summa Theologica II–II, 35, 4 ad 3. Die Zunft derer, die davon leben, daß Seelen sich ergießen aus ihrer festen Burg, möge laut schreien über dieses Zitat.
87 Zur Geschichte dieses Bonmots siehe Zander, Hans Conrad: Die emanzipierte Nonne und andere Porträts von heiligen Individualisten. Stuttgart 1990, S. 23.

Register der Bibelzitate

Musterbeispiel: «Apostelgeschichte 4;13: 82» bedeutet: Der Vers 13 im 4. Kapitel der Apostelgeschichte des Lukas wird auf der Seite 82 des vorliegenden Buches wörtlich zitiert oder als Beleg angeführt.

Register der Bibelzitate

Register der Personennamen

AT = Altes Testament; NT = Neues Testament

Register der Personennamen

Pachomius, hl.: 32
Paul VI., Papst 1963–1978: 72
Paulus von Tharsos, im NT Apo-
    stel: 37, 70, 71, 72, 84, 98, 99,
    115
Petrus, im NT Jünger Jesu: 37,
    57, 82, 83, 84, 115, 129f, 132
Pilatus, Pontius, römischer Poli-
    tiker: 106–108, 109, 111,
    124–126, 128
Pius XII., Papst 1939–1958: 96
Plato: 22
Pontius Pilatus *siehe* Pilatus,
    Pontius
Procula, im NT Gattin des Pila-
    tus: 81

Ratzinger, Joseph Kardinal: 18
Reimarus, Hermann Samuel:
    22, 23, 99f
Rey, Karl Guido: 94f
Rousseau, Jean-Jacques: 16

Sai Baba, Guru: 45f
Sartre, Jean-Paul: 77, 78, 82
Schuller, Robert: 15
Schweitzer, Albert: 22, 23, 38

Simon, im NT Bruder Jesu: 34,
    59, 90
Simon der Aussätzige, Gestalt
    im NT: 83
Shiva Bala Yoghi: 46
Sokrates: 22
Sölle, Dorothee: 17, 18
Sri Muktananda: 86
Strauß, David Friedrich: 22
Susanna, Gestalt im NT: 67, 75,
    99
Swaggart, Jimmy: 15

Theresia von Avila, hl.: 11, 20,
    80
Thomas von Aquin, hl.: 11, 18,
    131, 140
Tiberius, römischer Kaiser: 106

Weber, Max: 135
Wojtyla, Karol: 18; *siehe auch*
    Johannes Paul II.
Wolff, Hanna: 24

Zacharias, im NT Priester, Vater
    Johannes' des Täufers: 87f
Zwingli, Ulrich: 20

Franz Buggle

Denn sie wissen nicht, was sie glauben

Oder warum man redlicherweise nicht mehr Christ sein kann
460 Seiten. Gebunden

«Franz Buggle läßt das Phänomen ‹Christentum› in seinem Buch ‹Denn sie wissen nicht, was sie glauben› in hohem Maß für sich selbst sprechen. Dabei beschränkt er sich auf den moralischen Aspekt, und zwar auf jene Form christlicher Moral, wie sie in der Bibel zum Ausdruck kommt. Thema sind also nicht von den Kirchen begangene Greueltaten, soweit sie biblischer Lehre widersprechen und deshalb fairerweise nicht als Argument gegen diese verwendet werden können. Thema ist vielmehr jene christliche Moral, wie sie in den Handlungen und Geboten des biblischen Gottes selbst zum Ausdruck kommt.

Das Buch hat drei Hauptteile. Der erste stellt diese Moral dar und kritisiert sie vom Standpunkt einer ‹humanistisch-aufgeklärten› Ethik aus. Der zweite erörtert, stellvertretend für die heutige ‹christliche Apologetik›, den Versuch des Startheologen Hans Küng, biblische Moral und moderne Ethik zu versöhnen. Der dritte behandelt ‹typische Reaktionsmuster› unserer intellektuellen Szene auf das Christentum.

(…) Man kann dem Buch Buggles eine äußerst wichtige Funktion in der religiösen Grundlagendiskussion nicht absprechen. Denn zum einen dürfte es kein deutsches Buch geben, das die hier erörterte Kritik am Christentum derart umfassend belegt, leicht verständlich und engagiert zum Ausdruck bringt. Und zum zweiten führt Buggle eine so offensive wie spannende Auseinandersetzung mit den gegenwärtigen deutschen Geistesgrößen. (…)»

Prof. Dr. jur. Dr. phil. Norbert Hoerster in der F.A.Z.

Rowohlt

Karlheinz Deschner

Kriminalgeschichte des Christentums

Band 1: Die Frühzeit
Von den Ursprüngen im Alten Testament bis zum Tod
des hl. Augustinus (430)
544 Seiten. Gebunden

Band 2: Die Spätantike
Von den katholischen «Kinderkaisern» bis zur Ausrottung der
arianischen Wandalen und Ostgoten unter Justinian I. (527–565)
688 Seiten. Gebunden

Band 3: Die Alte Kirche
Fälschung, Verdummung, Ausbeutung, Vernichtung
720 Seiten. Gebunden

«Der Verdacht vieler, die Kirche habe schmutzige Hände, wird durch
die Knochenarbeit Deschners zur Gewißheit. Die Fakten beginnen
endlich die Vermutung der vielen zu ersetzen, und was die Phantasie
erdacht hat, ist durch Hinweise auf die Realität übertroffen.»
Prof. Dr. Horst Herrmann, Der Spiegel

Opus Diaboli

Fünfzehn unversöhnliche Essays über die Arbeit
im Weinberg des Herrn
288 Seiten. Broschiert

«Mehr als 30 Bücher hat Karlheinz Deschner bisher geschrieben und
nichts von seiner Schärfe verloren: faszinierend die Analyse, brillant
der Stil. Frech, pointiert, fesselnd, bei aller Wissenschaftlichkeit
auch dem Laien verständlich und spannend wie ein Krimi.»
Münchner Stadtzeitung

Die Politik der Päpste im 20. Jahrhundert

1392 Seiten. Gebunden

Rowohlt